AF452951

EN AFRIQUE

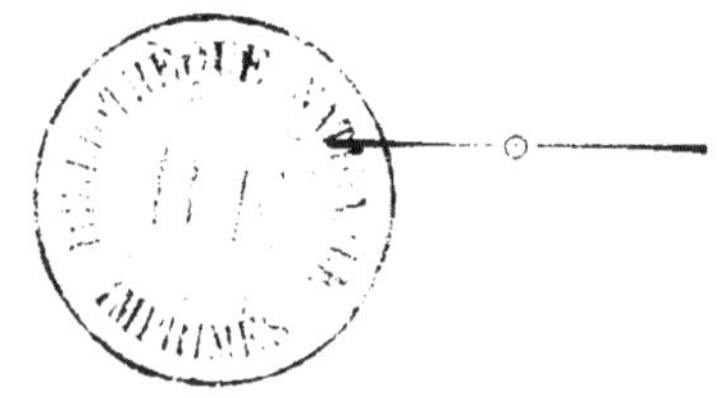

NOUVEAU

JEU DE VOYAGES

WATILLIAUX, Éditeur

PARIS

—

1897

EN AFRIQUE

NOUVEAU JEU DE VOYAGES

Faire connaître aux jeunes générations, tout en les amusant, une bonne partie de ce qu'on sait actuellement sur le continent africain, si ignoré jusqu'à ces derniers temps, et si intéressant, tel est le but de notre jeu, auquel a bien voulu collaborer, pour la partie géographique, un membre aussi obligeant que zélé de la Société de Géographie Commerciale. C'est dire que tout y est aussi exact que possible, et conforme aux renseignements les plus récents.

MATÉRIEL DU JEU

1° Une carte d'Afrique sur laquelle ont été tracés 8 itinéraires différents.

2° 8 cartons-itinéraires donnant l'ordre des stations, indiquant les moyens de locomotion, et prévoyant quelques-uns des obstacles qu'on peut rencontrer.

3° Un cadran spécial muni d'une aiguille.

4° 8 cavaliers de couleurs différentes dont 4 à cheval et 4 à chameau.

5° La présente brochure qui, outre les règles du jeu, contient une notice instructive sur chacune des 144 localités qu'on est appelé à visiter; nous avons suivi pour ces notices l'ordre des itinéraires.

RÈGLES DU JEU

1. — Le nombre des joueurs peut varier de 2 à 8. Chacun fait une mise de convention, et le montant des mises, augmenté des droits payés dans le cours de la partie, appartiendra au gagnant.

2. — On tire au sort: 1° Les cartons portant les différents itinéraires qui comprennent tous uniformément 18 stations; 2° L'ordre des joueurs.

3. — Chaque joueur doit suivre l'itinéraire qui lui a été désigné par le sort et reçoit, pour marquer son jeu sur la carte, un cavalier de couleur distincte qu'il placera tout d'abord sur la ville placée en tête de son itinéraire et qui sera le point de départ de son voyage.

4. — Ces premières dispositions prises, chaque joueur à son tour fait tourner l'aiguille du cadran, et avance sur sa ligne d'autant de stations que l'aiguille indique de points. On remarquera que, sur la carte, les tracés des 8 itinéraires sont tous de dispositions différentes et qu'en tête de chaque carton-itinéraire nous avons reproduit un échantillon de la disposition affectée au tracé de cet itinéraire.

5. — Lorsqu'on amène zéro, on reste en place.

6. — Les deux paragraphes précédents constituent une règle générale et commune à tous les joueurs, mais chaque itinéraire est pourvu en propre de 3 obstacles (ou interruptions dans la marche ordinaire du jeu). Chacun de ces obstacles est indiqué, sur le carton-itinéraire, par une croix placée devant le nom de la localité où il se produit. Quand un joueur, par le numéro qu'il vient d'amener au cadran, est conduit sur une localité pourvue d'un obstacle, il doit se conformer à ce qui lui est ordonné de faire en pareil cas, et consulter pour cela le renvoi correspondant qu'il trouvera au bas de son carton-itinéraire et qui lui indiquera la nature de l'obstacle dont il s'agit.

7. — Les cases du cadran *de couleur rose*, portant respectivement les nombres 1, 2, 3, ont la propriété de supprimer tout obstacle. Le joueur, pour le compte duquel l'aiguille s'arrête sur l'une de ce ces trois cases roses, ne tient donc pas compte de l'obstacle qu'il pourrait rencontrer en mettant à exécution le point qu'il vient d'amener.

8. — Le joueur qui, le premier, a atteint ou dépassé le but de son voyage, a gagné ; toutefois, si l'on veut rendre la partie plus longue, on pourra convenir d'avance qu'il faudra effectuer le voyage *aller et retour*.

9. — Suivant le nombre des joueurs, ou pourra convenir aussi qu'il y aura un 2me et un 3me gagnants. Dans ce cas le premier arrivant recevra la moitié de la poule ; le 2me et le 3me se partageront la seconde moitié.

1er ITINÉRAIRE

1. ALGER (91.000 habitants dont 40.000 Français, et 140.000 habitants si l'on comprend les faubourgs de St-Eugène, Mustapha, Husseïn-Dey, la Maison-Carrée, la Bouzarea, El Biar, Kouba, etc.) — Siège du gouvernement général de l'Algérie, d'un archevêché, d'une université, est à la fois un grand port militaire et de commerce, une place forte de premier ordre avec forts détachés, une ville de luxe, et un centre d'arts, de lettres et de sciences ; c'est le « *Paris de l'Afrique du Nord* ». Bâtie en amphithéâtre au bord de la mer, elle offre un spectacle magnifique avec ses maisons blanches enchevêtrées, encadrées dans la verdure. La ville haute, ou quartier musulman, construite au pied de la Kasbah, est excessivement curieuse avec ses maisons mauresques et ses rues étroites; le quartier européen s'étend tout près du port, autour de la superbe place du gouvernement et le long du boulevard de la République. Les principaux monuments et édifices sont le palais du gouverneur, la préfecture, l'hôtel du 19e Corps d'Armée, le palais de justice, la cathédrale, les trois églises catholiques, les deux temples protestants, la synagogue, les mosquées, l'hôpital, le lycée, les deux théâtres et les casernes. L'activité intellectuelle d'Alger est marquée par ses bibliothèques publiques, son école de médecine, ses quatre sociétés savantes et les trente journaux et revues qui s'y publient.

2. BISKRA (7.000 habitants dont 700 Européens). — Station hivernale très fréquentée par les touristes de tous pays, se divise en trois parties:

1º Le Fort St-Germain qui enferme dans son enceinte bastionnée une superficie de huit hectares et comprend de vastes casernes, la maison du commandant supérieur du cercle, un pavillon pour les officiers, la manutention, les magasins à fourrages, et d'immenses citernes.

2º Le nouveau Biskra, beau village européen, qui s'étend le long d'une grande avenue tirée au cordeau. Principaux édifices : cercle des officiers, casino, hôtels, banques, prison, gendarmerie, vaste halle où se tient un marché quotidien, maison d'école. Il s'y publie un journal français.

3º Le vieux Biskra, ou Biskra indigène, divisé en 7 quartiers disséminés dans une oasis de 150.000 palmiers où ils forment comme autant de villages distincts, entourés de jardins et de champs d'orge; ils ont chacun leur mosquée. Les maisons, généralement à un étage, sont construites en briques d'argile et de paille séchées au soleil. Au centre de l'oasis, sur un tertre, s'élèvent les ruines de l'ancienne Kasbah.

3. TOUGGOURT. — Centre principal d'une oasis de huit kilomètres de long. Les maisons, misérables et à un étage, sont construites en briques séchées au soleil ou en moëllons bruts de calcaire, et groupées assez régulièrement autour d'une place carrée dont la citadelle occupe le centre; toutes les rues, étroites et tortueuses, sont couvertes de façon à protéger les passants contre les rayons brûlants du soleil. On ne peut guère citer comme édifices que le cercle militaire, un hôtel européen, les onze mosquées et la citadelle qui comprend dans son enceinte l'habitation de l'agha, les casernes des spahis et des tirailleurs, et la grande mosquée.

La population (7.000 habit.) se compose de blancs (Arabes, Berbères, Juifs), de noirs du Soudan, et de noirs sahariens aborigènes.

4. OUARGLA. — Située dans une oasis de 150.000 palmiers, au fond d'un ancien lac, sur un tertre qui formait autrefois une île : elle est entourée d'une muraille circulaire crénelée, percée de sept portes, et d'un fossé rempli d'eau stagnante ; quarante forts à deux étages, crénelés eux-mêmes, flanquent cette enceinte. Les maisons bâties en pierres brutes, dont quelques-unes seulement ont un étage, sont dominées par les minarets de dix-huit mosquées et la Kasbah ; elles sont groupées en trois quartiers séparés par des murailles. La population est du même genre qu'à Touggourt, mais, en dehors des militaires et fonctionnaires, on ne peut citer comme résidents européens que quelques commerçants (pâtissier, restaurateur, propriétaire d'hotel) et les Pères Blancs de la Mission catholique française

5. EL GOLEA. — Située dans une vallée verdoyante et abondamment pourvue d'eau, qui contraste agréablement avec le pays avoisinant, sec, plat, rocheux, absolument uniforme. La Kasbah est construite au sommet d'un cône en forme de pain de sucre haut de 70 mètres, sur les pentes duquel s'étagent les deux cents maisons du Ksar, creusées pour la plupart dans l'argile du monticule, et enfermées dans une enceinte très élevée en larges pierres. Tout à fait au pied du cône, s'élève le fort français occupé par les tirailleurs sahariens ou méharistes. A l'entour s'étendent des vergers, des champs de blé et d'orge, et une oasis de 6.000 palmiers — celle-ci, fertilisée par trois puits artésiens creusés par les Français, et de nombreux puits arabes. — La population se compose de noirs sédentaires et de Chaambas nomades.

6. FORT MIRIBEL. — Poste avancé destiné à garder le puits dit : Hassi-Chebaba, qui fournit l'eau en abondance. Est occupé par 100 tirailleurs sahariens.

7. INSALLAH. — Oasis située dans un bas-fond entre des collines de 100 à 110 mètres de hauteur : elle est divisée en cinq *ksours* entre lesquels s'étendent des plantations de dattiers et des jardins. Elle est administrée par une *djemâa*, ou chambre des notables, mais l'autorité réelle appartient à un cheikh qui possède, dans l'un des ksours, une grande Kasbah solidement construite. La population sédentaire se compose d'Arabes, de Berbères et de noirs soudanais ; la population nomade est formée par les Touaregs qui, au moment de la récolte des dattes, viennent près de là planter leurs tentes, ou y construire des huttes en branches de palmier.

Insallah est l'oasis principale du Touat dont la France et le Maroc se disputent la possession.

8. ARAOUAN. — Station de caravanes qui n'est habitée que par des marchands de Tombouctou et leurs esclaves; enserrée dans des dunes qui en rendent la température insupportable, elle est d'un aspect lugubre. Malgré des puits nombreux qui fournissent une eau excellente, elle est en effet absolument privée de toute végétation. On n'y voit qu'une centaine de maisons éparses sans ordre; ce sont des masses quadrangulaires en terre battue, percées d'une seule ouverture et ornées de moulures d'argile; une cour intérieure est ménagée dans le carré de l'édifice.

9. TOMBOUCTOU (8.000 habitants). — Bien déchue de son ancienne splendeur, est située au milieu d'immenses plaines de sable blanc ou jaune plantées de mimosas nains et de faux gommiers. Les rues sont assez larges, mais il n'y a ni places ni jardins; les maisons grandes et peu élevées, surmontées d'une terrasse, sont construites en briques de terre jaune séchées au soleil ; la plupart sont en ruines. La ville est divisée en six quartiers; on y remarque sept mosquées avec écoles, trois marchés, la mission catholique française de Sainte-Marie de Tombouctou (église et école), et les deux forts Bonnier et Hugueny, occupés par une garnison de tirailleurs soudanais. L'industrie se réduit à la fabrication de bijoux en or et d'objets en cuir. Le commerce, bien tombé, se relève un peu cependant depuis l'occupation française ; il consiste dans l'échange des plumes d'autruche, de la gomme, de l'ivoire, de la poudre d'or, contre les produits européens. Le port de Tombouctou, Kabara, situé sur un marigot affluent du Niger, est un amas de 200 maisons en terre et de huttes en roseaux.

10. SEGOU (36.000 habitants). — Ensemble de plusieurs villages se suivant le long du Niger, sur une longueur de 15 kilomètres. Le principal de ces villages, Segou-Sikoro, était jadis la capitale du grand empire toucouleur ; pris d'assaut en 1890 par les Français, il est administré aujourd'hui par un de nos résidents. Les constructions, du même genre qu'à Araouan, sont des maisons à terrasses appuyées sur de larges piliers décorés d'arabesques et portant sur tout leur pourtour des consoles en argile. Les plus belles sont la Résidence construite par les Français dans le style du pays, et les bâtiments de la marine près du port d'attache de nos canonnières. On remarque aussi dans les environs la mission de N.-D. de Segou dirigée par les Pères Blancs, le village de Liberté pour les nègres affranchis, le marché, et le camp de la Légion Etrangère.

11. BAMMAKO. — Ville jadis très commerçante, aujourd'hui déchue, ne compte plus que 800 habitants dans son enceinte quadrangulaire de 500 mètres. Cette cité, qui comprend actuellement plus de ruines que de maisons, s'élève dans la plaine du Niger, à un kilomètre du fleuve ; on y trouve un comptoir de la Compagnie Franco-Africaine. Au nord-ouest, à mi-distance du Niger et des montagnes, s'élève le fort français construit en 1883. C'est un grand rectangle de 100 mètres de large sur 70 de côté, renfermant trois bâtiments en maçonnerie, les cases des tirailleurs, six puits et des parcs à bestiaux.

12. KITA (3.000 habitants). — Agglomération de 14 villages situés dans un massif montagneux fort sain. L'un d'eux renferme la mission catholique des Pères du St-Esprit, qui dessert également, dans un autre de ces villages, l'église paroissiale de St-Mathieu. Au sommet du plateau s'élève un *sanatorium* ; au pied se dresse le fort français ; c'est un vaste rectangle bastionné et crénelé renfermant boulangerie, cuisines, parcs à bestiaux, ateliers, jardin, et un réduit central également bastionné qui sert de magasin et de logement à la garnison. Il y a aussi à Kita un comptoir de la Compagnie Franco-Africaine.

13. BAFOULABÉ (2.500 habitants). — Grand village indigène formé en demi-cercle autour du fort français, sur la rive gauche du Sénégal, au confluent des deux rivières le Bafing et le Bakhoy, qui forment le fleuve. Le fort, grand et bien fait, se trouve sur un rond point d'où partent dans toutes les directions des avenues larges et spacieuses ; c'est un rectangle bastionné et crénelé renfermant tous les services ; sur les bords mêmes du fleuve s'élèvent les magasins de dépôts, les écuries et les chantiers de construction. En face, sur la rive droite, le village de Faidherbourg, construit pour les nègres affranchis, communique avec le fort par un bac à traille, et par le pont du chemin de fer.

14. KAYES (6.500 habitants). — Résidence du lieutenant-gouverneur du Soudan Français. Les établissements militaires, pavillon des officiers, casernes, etc., s'étendent sur deux lignes le long d'une large avenue où passe la voie ferrée et qui traverse également le village indigène. En arrière, sur une hauteur, se trouvent les quartiers nouveaux habités par les commerçants français ou indigènes, et les familles des ouvriers, des tirailleurs et des employés. Le quartier militaire est séparé du quartier commerçant par la place du marché avec deux halles en fer. On remarque à Kayes l'école des fils des chefs, l'hôpital, la mission catholique des Pères du St-Esprit, un jardin public, des cafés et un restaurant. A l'ouest le village Galliéni est habité par les esclaves libérés.

15. BAKEL (3.000 habitants). — Chef-lieu de cercle sur le Sénégal. Le fort se dresse sur un monticule rocheux au bord même du fleuve dont la berge est absolument à pic. A 200 mètres environ et parallèlement au fleuve, court une chaîne de collines protégées par une ceinture de petites tours. La ville est formée par l'agglomération de plusieurs villages qui s'étendent entre le fort et les collines. On y trouve une école laïque et de belles et grandes maisons en pierre habitées par les traitants.

16. PODOR (1579 habitants). — Chef-lieu de cercle et poste militaire créé vers le milieu du 18ᵉ siècle, escale et bureau télégraphique, grand centre du commerce des gommes avec les Maures. De belles maisons en maçonnerie, servant de comptoirs et d'habitations aux agents des négociants de St-Louis et aux traitants, se développent parallèlement au fleuve sur la berge très escarpée, ombragée par plusieurs rangées d'arbres. Le village nègre s'étend dans la plaine derrière le fort.

17. St-LOUIS (25.000 habitants). — Capitale de l'Afrique occidentale Française et du gouvernement du Sénégal, siège du Vicariat Apostolique du Sénégal. La ville est située entre deux bras du fleuve.

18. DAKAR (8.737 habitants). — Chef-lieu de cercle et l'un des principaux ports du commerce de la côte occidentale d'Afrique. La ville, située sur un sol aride et planté de quelques rares palmiers ou baobabs, est encore dans sa période de formation ; on a repoussé les villages indigènes au loin pour lui permettre de s'étendre ; elle comprend actuellement de nombreux établissements publics, casernes, chambre de commerce, tribunal de première instance, 72 factoreries européennes, de vastes hôtels et constructions particulières, etc. La rade est protégée par l'îlot de Gorée avec ses ouvrages, ses batteries et son vieux château; Gorée, qui est séparé de Dakar par un chenal de 2 kilomètres, porte une petite ville européenne de 2.000 habitants.

2me ITINÉRAIRE

1. TUNIS (135.000 habitants dont 20.000 Européens et 50.000 Israélites indigènes). — Adossé à une petite colline entre deux lacs dont l'un est à sec une partie de l'année et dont l'autre communique avec la mer par le canal de la Goulette ; c'est dans ce dernier que les Français ont creusé un port où entrent les plus grands navires.

La ville européenne, ou quartier franc, est découpée en damier par de larges rues rectilignes bordées de maisons à grandes baies et à façades peintes à l'italienne. L'avenue de la Marine, très large et plantée de quatre rangées d'arbres, la traverse par le milieu. Nombreux hôtels et cafés, grands magasins, banque, lycée français, cathédrale, bel hôtel des postes.

Sur la colline qui domine la ville européenne, le Tunis arabe, divisé en trois quartiers, est une masse enchevêtrée de rues en arcades et de ruelles. Il est cependant desservi aujourd'hui par un boulevard circulaire que parcourt un tramway. On y remarque les *souks,* immense marché couvert, la prison et de nombreuses mosquées et synagogues.

Le Tunis arabe est dominé lui-même par la Kasbah (citadelle). Aux portes de Tunis, le palais du Bardo est la résidence du bey ; c'est là que fut signé le traité plaçant la Tunisie sous le protectorat de la France.

2. SOUSSE (16.000 habitants). — Ancien comptoir carthaginois, puis colonie romaine, dont on retrouve encore les maisons avec mosaïques, bijoux, etc. La ville, entourée de fortifications maures, est dominée par la kasbah et le palais du gouverneur; grande mosquée, collège arabe dans un riche palais, hôpital militaire, écoles françaises, garnison de tirailleurs, tribunal de première instance, banques, consulats, hôtels. Beaux jardins d'oliviers donnant l'huile qui est fabriquée dans d'importantes usines. Le port, récemment inauguré, donnera à la ville une nouvelle activité.

3. SFAX (42.000 habitants). — Elle est divisée en deux parties bien distinctes séparées par une enceinte : la ville haute habitée par les musulmans, et la ville basse réservée aux chrétiens et aux israélites. Elle renferme plusieurs mosquées, des bazars, des écoles, un collège français-arabe, une garnison de tirailleurs, des consulats, une église catholique, une synagogue et un couvent des sœurs de St-Joseph. La seule industrie du pays consiste dans la pêche aux éponges et la culture de la terre. Comme à Sousse, il y a un nouveau port ; la rade est d'ailleurs excellente.

4. GABÈS (17.000 habitants). — Située dans une oasis de 18 kilomètres de longueur, se compose de trois grands villages ; le Gabès européen construit depuis l'occupation française et les deux agglomérations arabes de Djarra et de Menzel. Il n'y a guère comme population européenne que la garnison, quelques mercantis, et les Pères Blancs de la Mission catholique française. École franco-arabe, hôpital militaire et justice de paix.

5. BERESOF. — Important point d'eau avec pâturages, situé au milieu des dunes du Souf. La France vient d'y construire un *bordj* (petite forteresse).

6. GHADAMÈS. — L'un des principaux entrepôts du commerce entre le Soudan et le littoral méditerranéen; ancienne capitale des Garamantes, aujourd'hui à la Turquie qui y entretient une garnison. Ville de 5.000 âmes enclavée en partie dans une oasis de 24.000 palmiers, elle est entourée par un mur d'enceinte mal entretenu, construit tantôt en terre et tantôt en pierres. Les rues étroites, mais propres, sont couvertes par le premier étage des maisons et ne reçoivent l'air et la lumière que par des échappées ménagées de distance en distance. Les maisons, solidement construites, se composent d'un rez-de-chaussée qui sert de magasin et d'un premier étage qui sert d'habitation : elles n'ont d'autre jour que la porte d'entrée et l'ouverture pratiquée dans la terrasse. La ville comprend dix mosquées, dont deux grandes pour les prières, et huit pour les écoles; elle est divisée par un mur en deux quartiers jadis ennemis. La population comprend trois classes: les nobles (berbères), les clients (nègres aborigènes) et les esclaves (nègres soudanais).

7. GHAT (8.000 habitants). — Bâtie au centre d'une oasis sur un léger renflement du sol à la base nord-ouest d'une colline rocheuse. La ville, occupée par une garnison turque, est entourée de murailles de dix pieds à peine de hauteur, et est divisée presque géométriquement en six quartiers par des rues aboutissant à six portes. Les maisons sont de même style qu'à Ghadamès, mais plus petites et bâties en briques et en boue; il n'y a qu'une seule mosquée. L'oasis n'est pas un massif continu de verdure comme à Ghadamès, mais ne comprend que des bouquets de dattiers et autres arbres entre lesquels les Touaregs nomades viennent établir périodiquement leurs huttes de branchages et leurs tentes de cuir.

8. AGADÈZ (8.000 habitants). — Ville principale de l'oasis d'Aïr qui a une centaine de lieues de longueur du sud au nord et où des montagnes élevées forment des vallées fertiles et bien cultivées. La population dominante est une tribu berbère, les Kel-Oui, qui a réduit à l'esclavage la population aborigène appartenant à la race noire. La ville, située à 750 mètres d'altitude sur le rebord d'un plateau de grès et de granit, est à moitié en ruines et ne comprend plus que 6 à 700 maisons habitées. Le seul édifice est une tour qui sert à la fois de mosquée et de mirador (poste-vigie); haute d'environ trente mètres et renflée vers le milieu, elle s'amincit graduellement vers le sommet. L'industrie est peu importante et ne consiste guère qu'en fabriques de nattes et de fromages, mais il se fait un grand commerce de sel; le plateau sur lequel est bâtie la ville en est saturé jusqu'à une certaine profondeur.

9. ZINDER ou la **Porte du Soudan** (10.000 habitants). — Bâtie à la base orientale d'un roc, est composée de maisons d'argile, de cabanes en nattes, de tentes groupées en désordre. C'est là que se forment les caravanes pour la traversée du Sahara, et les Touaregs viennent souvent établir leur campement aux abords de la ville. Teintureries importantes.

10. KANO (60.000 habitants). — Très grande ville de huit kilomètres de diamètre, entourée d'une enceinte de huit mètres de hauteur. Elle occupe un terrain bas autour d'un rocher escarpé au sommet duquel se trouvent les ruines d'un ancien fort. Elle est composée de grandes maisons carrées en terre à toiture plate, séparées par des jardins; celles des Arabes, des grands personnages, des riches commerçants sont à un étage. Les rues sont larges et propres; de nombreux puits donnent l'eau en abondance. Le marché, très important, est le rendez-vous des traitants de Constantine, Tunis, Tripoli, qui y apportent les marchandises européennes; il est fréquenté journellement par trente mille personnes. Il y a aussi à Kano des fabriques d'étoffes, des teintureries et des peausseries.

11. SOKOTO (8.000 habitants). — Ancienne capitale du grand empire des Foula, située sur un promontoire de grès dominant une vallée parcourue par une eau vive. Elle est enclose dans une enceinte en terre de dix mètres de hauteur, percée de douze portes, et formant un carré parfait de 2.750 mètres de côté, mais la plus grande partie du terrain enclos dans cette muraille est occupée par des champs de mil. Les maisons sont du même genre qu'à Kano, mais moins nombreuses; on voit surtout des huttes rondes en terre avec toits de paille en forme de coupole. On remarque aussi des mosquées, un grand marché et le palais du sultan. Le commerce est à peu près nul; l'industrie consiste seulement en tannerie et fabrication d'ouvrages de cuir; un ancien esclave, revenu du Brésil, a établi dans les environs une plantation de cannes à sucre et une raffinerie.

12. SAY. — Ville placée sous le protectorat de la France; située dans une île du Niger et enfoncée au milieu des champs de mil, elle occupe une superficie de deux kilomètres de diamètre, mais c'est plutôt une agglomération de hameaux qu'une ville proprement dite; les constructions sont massives et faites de limon avec un toit plat. Il y existe un marché, mais il est encore peu important. Les Français viennent d'y établir un poste.

13. BOUSSAH (10.000 habitants). — Capitale du royaume du même nom, est située sur la rive droite du Niger au pied d'une haute falaise, et enfermée dans une enceinte de 1500 mètres de tour. Les maisons sont disposées à l'intérieur par petits groupes et ne couvrent pas la dixième partie de l'espace enclos; le seul monument est le palais du sultan. La possession du royaume de Boussah est contestée entre la France et l'Angleterre qui possèdent chacune un traité de protectorat avec le roi du pays. Boussah a une très grande importance comme étant à 500 mètres des derniers rapides qui barrent la navigation du Niger entre Bammako et la mer; il s'y trouve actuellement une forte garnison française.

14. PARAKOU (15.000 habitants). — Résidence du représentant de la France au Borgou; elle a un aspect quasi européen avec de vraies rues qui aboutissent à un marché central et elle se divise en deux parties: la vraie ville, et la résidence royale qui comprend une vingtaine de jolies cases entourées de baobabs. La population est divisée en fétichistes et musulmans. Il y a trois écoles où l'on apprend à lire et écrire l'arabe.

15. **CARNOTVILLE.** — Poste militaire français situé près du village d'Agbassa dans un pays splendide, sain, fertile, au milieu de montagnes de sept à huit cents mètres d'élévation.

16. **SAVALOU.** — Ancienne capitale du pays des Mahis, présente un aspect très pittoresque. Lorsqu'on y arrive par le sud, il faut gravir successivement six gradins naturels qui s'étendent chacun sur une longueur d'un à deux kilomètres et une profondeur d'une cinquantaine de mètres ; des huttes sont disséminées sur ces terrasses, et on y voit beaucoup de bétail ; les habitations sont spacieuses et construites avec soin. Il y a plusieurs marchés dans les différents quartiers de la ville. L'autorité de la France est représentée dans Savalou par un résident civil escorté de quelques miliciens.

17. **ABOMEY** (20.000 habitants). — Capitale du royaume du Dahomey, prise par les Français en 1892 ; notre autorité y est actuellement représentée par un résident civil et un peloton de tirailleurs haoussas, ce dernier occupant quatre fortins autour de la ville. Située sur un plateau dépourvue d'eau, la ville d'Abomey proprement dite est entourée de fossés profonds et d'une ceinture d'arbres épineux avec portes monumentales ; à part le palais royal et quelques édifices, les habitations sont de chétive apparence quoique très propres, mais tout à l'entour s'étendent d'immenses faubourgs avec un autre palais du roi, les palais des princes, des temples fétiches, de vastes avenues bien ombragées et ornées de statues fétiches. Une mission catholique vient de s'établir à Abomey.

18. **PORTO-NOVO** (35.000 habitants). — Capitale de la colonie française du Dahomey et dépendances, se compose de deux parties :

Sur la plage la ville européenne renfermant la résidence, la justice de paix et les factoreries, grandes et larges maisons bien aménagées, ornées de balcons et de vérandahs, et entourées de grands jardins.

Sur les flancs d'une colline, au-dessus de la ville européenne, la ville indigène aux ruelles étroites et tortueuses, aux maisons pauvres en torchis et bambou ; les principaux édifices sont le palais du roi, amas de maisons en terre couvertes en branches de palmier, les mosquées et le temple des féticheurs.

Grand marché qui se tient tous les deux jours.

Porto-Novo est occupé par deux compagnies de tirailleurs haoussas et entouré par une ceinture de forts. Nos missionnaires y ont deux écoles.

Porto-Novo a pour port Kotonou auquel il est relié par une lagune que parcourent les barques et chaloupes à vapeur.

3me ITINÉRAIRE

1. TRIPOLI (35,000 habitants). — Située au bord de la mer au milieu d'une oasis de quinze kilomètres de long qui produit en abondance dattes, olives, citrons, oranges, orge, blé, tabac. Vue de la mer, la ville paraît charmante : le croissant de la cité est séparé de la plage par une ligne de remparts que domine une rangée de maisons blanches à terrasses, et que limite, à l'extrémité Est du port, le palais massif du gouverneur général, entouré de jardins et de palmiers. Des minarets et des mâts de pavillons, où flottent les drapeaux consulaires, dominent les mosquées et les maisons voisines du littoral, et au-delà, commandant la ville, se montrent la citadelle et le phare. A l'intérieur, dans le dédale des rues étroites et tortueuses, la plupart des maisons ont gardé leur physionomie arabe, tandis que le quartier maltais ressemble à un faubourg de petite ville italienne, et que, sur la rue de la Marine, s'élèvent de somptueuses maisons comme celles des cités commerciales de l'Europe ; on trouve même des cabanes, construites par les nègres, semblables à celles du Soudan occidental. La ville est traversée par un boulevard central et défendue par cinq forts.

Tripoli, étant la capitale de la province turque de Tripolitaine, est occupée par une garnison de 12,000 hommes. Les principaux monuments et édifices sont le palais du gouverneur, les mosquées, les églises catholique et grecque, les synagogues, les casernes, les prisons, hôpitaux, magasins, bazars. Il y a des tribunaux, des banques, cercles, hôtels européens. Tripoli est le point du littoral méditerranéen qui fait aujourd'hui le plus de commerce avec le Soudan occidental et central. Les caravanes, qui mettent trois mois à traverser le Sahara, apportent à Tripoli la poudre d'or, l'ivoire et surtout les esclaves.

2. SOKNA (3.000 habitants). — Située au centre d'une vaste oasis dont le climat est très salubre. Ville murée et bien bâtie; les murailles sont flanquées de 33 bastions et percées de 7 portes en bois de palmier. On y trouve cinq mosquées et quatre écoles ; la cité est dominée par un gigantesque château en ruines du haut duquel on a une vue magnifique sur la contrée. Les jardins qui entourent la ville sont très bien tenus et produisent en abondance des céréales, des tomates, des aubergines, de l'ail, de l'oignon, des légumes.

3. MOURZOUK (6.500 habitants). — Capitale de l'oasis du Fezzan et résidence d'un cheikh tributaire du pacha de Tripoli. C'est une petite ville aux maisons basses construites en terre et aux rues étroites ; située dans une plaine marécageuse et malsaine, elle occupe une espace d'environ trois kilomètres carrés, que limite un mur d'argile bastionné et flanqué de tours ; elle est coupée en deux par un large boulevard conduisant à la citadelle qui domine la ville. Mourzouk est un important marché d'esclaves, et très fréquenté par les caravanes du Soudan.

4. GATRON (1.500 habitants). — Ville sainte gouvernée par des marabouts, et située dans une dépression humide au milieu d'une immense forêt de palmiers, entourée de tous côtés par des dunes et des falaises de rochers. Aux alentours, des groupes de cabanes en feuilles de palmiers sont habités par des Tibbou nigritiens.

5. **BILMA.** — Ville principale de l'oasis de Kaouar, située dans un beau bois de dattiers: ces dattiers d'ailleurs, en dehors de quelques rares champs de maïs et de millet, constituent la seule richesse végétale de l'oasis, mais, dans le règne minéral, celle-ci est bien partagée, car elle possède de riches salines. Bilma est bâtie de la même manière que les villes du Soudan; les maisons bordent des rues régulièrement tracées, et une enceinte commune entoure toutes les constructions.

6. **ABÈCHE** (30.000 habitants). — Capitale du Ouadaï, fondée en 1850; quoique très pauvre en eau, a pris une grande importance comme centre militaire du pays et comme foyer de propagande musulmane. Le sultan de Ouadaï est en effet affilié à la puissante secte des Senoussya qui est, avec celle du Mahdi, le principal obstacle au développement de l'influence européenne en Afrique. Les principaux monuments sont le palais du sultan et la mosquée.

7. **YAOUA.** — Capitale du petit état de Fittri, sur le lac du même nom, n'a encore été visitée par aucun Européen.

8. **MAO** (4.000 habitants). — Capitale du Kanem, à soixante kilomètres du lac Tchad, ne répond guère à l'idée qu'on se fait d'une capitale; elle est dépourvue d'enceinte et ne renferme qu'un petit nombre d'habitations, simples cabanes de chaume; le palais du gouverneur qui y représente l'autorité du sultan du Ouadaï, se compose d'une construction d'argile et de quelques cases de chaume entourées d'une clôture en terre et en roseaux.

9. **KOUKA** (60.000 habitants — 100.000 avec la banlieue). — Capitale du royaume de Bornou, située dans une vaste plaine sablonneuse, à quatorze kilomètres du lac Tchad. Elle est divisée en deux parties par la place du marché : la ville de l'Ouest est réservée aux traitants arabes et au peuple; la ville de l'Est est la ville royale qui contient le palais du cheikh et de sa famille, et les demeures des grands dignitaires. Une immense artère de 60 à 80 mètres de large traverse dans toute leur longueur la ville de l'Ouest et le marché pour aboutir devant le palais du cheikh. La ville est insalubre et mal entretetenue; les habitations des grands sont des masses cubiques d'argile très basses, sans fenêtres, qu'il faut réparer tous les ans aux premières pluies ; les huttes des femmes, en forme de cloches, et revêtues de chaume et de roseaux, sont plus étanches et plus saines.

10. **MASSENYA** (20.000 habitants). — Capitale du Baghirmi. L'enceinte en ruines est percée de neuf portes et a dix kilomètres de circuit, mais la moitié à peine de l'espace enclos est couverte d'habitations. Les maisons sont pour la plupart groupées au centre de la ville, autour d'une grande place plantée de quelques arbres sur laquelle donne le palais du sultan: ce palais est bâti en briques et forme un rectangle de 2.400 pas de tour avec cour intérieure. La ville est coupée en deux parties par une vaste dépression remplie d'eau à la saison des pluies. ce qui en rend le séjour très insalubre.

11. LAÏ (10.000 habitants). — Grande ville qui s'est placée par traité sous le protectorat de la France. Les huttes, aux toits coniques, sont séparées par des bosquets et des jardins, et les greniers sont en forme de tourelles. Les habitants, grands et bien faits, n'ont pour tout vêtement qu'un tablier de cuir; leurs visages sont couverts de peintures rouges et blanches; ils portent comme coiffure un panache de plumes d'autruche.

12. GUEROUA. — Située sur une colline à deux kilomètres au Nord de la Bénoué; a une grande importance en ce qu'elle se trouve au point où la grande route commerciale qui mène du Tchad au Congo coupe la voie fluviale de la Bénoué. La Compagnie du Niger y a eu quelques temps un ponton amarré à la plage, où se faisaient les transactions commerciales. Actuellement Guéroua est dans la zone d'influence allemande.

13. YOLA. — Capitale du royaume d'Adamaoua, située sur la pente douce d'un coteau, elle est séparée de la Bénoué par une plaine marécageuse qui paraît avoir été un lac. Les maisons, enfouies dans la verdure, s'étendent sur une longueur de plus de trois kilomètres. Les habitations des grands sont de véritables hameaux entourés d'un mur en pisé très résistant et contenant les huttes du maître, de ses femmes, de ses enfants, de ses esclaves, ainsi que des écuries, des jardins potagers et des plantations de sorgho. Les seuls édifices sont le palais du sultan et la mosquée. La possession de Yola est actuellement contestée entre la France et l'Angleterre; la première y est représentée par un petit poste de dix tirailleurs sénégalais sous le commandement d'un caporal indigène, la seconde par un agent de Cⁱᵉ Royale du Niger qui réside dans un ponton sur la Bénoué.

14. MOURI. — Capitale du royaume de même nom dont la possession est contestée entre la France et l'Angleterre; elle est fortifiée et située sur une colline à vingt kilomètres de la Bénoué; elle a pour port sur ce fleuve Manaravao où il y a eu quelque temps une factorerie française.

15. IBI. — Situé sur la rive gauche de la Bénoué, grand comptoir commercial de la Cⁱᵉ anglaise du Niger et résidence de son commissaire spécial pour la Bénoué. Il s'y trouve aussi un poste militaire avec garnison de 500 hommes.

16. LOKODJA (3.000 habitants). — Village très agréablement situé au pied d'une montagne sur la rive droite du Niger, à quatre kilomètres en amont de son confluent avec la Bénoué. C'est à la fois un chef-lieu de district de la Cⁱᵉ Royale du Niger, un poste militaire, et un comptoir commercial; on y trouve également une mission catholique française. En face, sur l'autre rive, s'élève le village d'Igbébé qui possède une mission protestante.

17. ASABA (10.000 habitants). — Capitale des établissements de la Cⁱᵉ Royale du Niger, située sur un promontoire escarpé qui domine la rive droite du Niger. L'autorité anglaise y est représentée par deux officiers, un médecin, un chef de district, un juge et un agent commercial. Sur la pente de la colline rocheuse on a construit un hôpital et un four à briques; sur le plateau s'élèvent la prison et le camp avec son champ de manœuvres. En arrière du camp est la mission catholique desservie par des Pères du St-Esprit et des Sœurs ; enfin, plus en arrière encore, la ville indigène qui renferme une mission protestante anglicane.

18. **AKASSA.** — Dépôt de la Cⁱᵉ Royale du Niger et résidence de l'agent général. Le village indigène, situé sur la rive gauche, n'a que peu d'importance ; l'établissement anglais, sur la rive droite, composé de maisons blanches avec toits de zinc, n'est habité que par les agents de la Cⁱᵉ du Niger. Cet établissement, fondé en 1880, possède un dépôt de charbon, des ateliers pour la réparation des vapeurs fluviaux, une infirmerie et un observatoire météorologique.

4me ITINÉRAIRE

1. ALEXANDRIE (227.064 habitants dont 5.200 Français). — Située sur une langue de terre qui sépare le lac Mareotis de la Méditerrannée, la deuxième ville de toute l'Afrique par l'importance de la population, sert de port au Caire, la capitale de l'Égypte, auquel elle est reliée par un chemin de fer et un canal. Ses deux ports, le port vieux (le plus fréquenté) et le port neuf sont défendus, ainsi que la ville, par un grand nombre de forts, redoutes et tours rondes. Le Quartier franc, qui s'est bâti peu à peu autour du Port Neuf, est une grande ville moderne aux rues spacieuses et bien alignées, bordées de belles maisons; la plus belle partie de ce quartier est la place des Consuls, vaste rectangle de 600 mètres de long sur 120 de large, où l'on remarque les plus somptueux hôtels et les ambassades. La ville turque présente à peu près le même aspect que toutes les cités de l'Orient: des rues étroites et malpropres et des maisons basses au milieu desquelles se détachent quelques riches palais. Les principaux monuments sont: le palais du Khédive, les douze églises (catholiques, protestantes, grecques), les trois synagogues, les cent mosquées, l'arsenal, le palais de justice, la bourse, les six théâtres, les hôpitaux, le marché. On y trouve une bibliothèque, une cour d'appel, un tribunal mixte de 1re instance, une chambre de commerce française, des banques, des cercles (dont un français), de nombreux établissements d'instruction la plupart français, des hôtels, des journaux, un observatoire, un musée. Alexandrie est occupée indûment depuis 1882 par les Anglais, ainsi d'ailleurs que toute l'Égypte.

2. LE CAIRE (374.838 habitants dont 5.100 Français). — Capitale de la vice-royauté d'Egypte et la première ville de l'Afrique par l'importance de sa population. Elle est située dans une plaine sablonneuse à 1.200 mètres de la rive droite du Nil. Son aspect est particulièrement pittoresque; à part les nouvelles voies, grandes et bien aérées, on n'y voit que des rues tortueuses très étroites et non pavées, des maisons construites en mauvaises briques ou en terre, comme toutes celles de l'Egypte, mais ayant deux ou trois étages. Au milieu de ce dédale de rues, s'élèvent d'élégantes fontaines, des palais, des cafés, de grands bazars. Les principaux monuments sont: la citadelle qui renferme le palais du vice-roi, les ministères, l'hôtel des monnaies, une manufacture d'armes blanches, une fonderie de canons et des casernes, un observatoire, deux théâtres, des églises, un grand nombre de mosquées, une bibliothèque et les écoles militaires. On y trouve aussi un tribunal mixte de 1re instance, de nombreuses sociétés savantes dont la principale est l'Institut Egyptien, de nombreux clubs dont un cercle français, de nombreux établissements d'instruction la plupart français, plusieurs hôpitaux dont un français, des hôtels et des journaux presque tous français.

Le Caire a pour ports sur le Nil: le vieux Caire, presque entièrement ruiné, et Boulaq qui renferme un remarquable musée des antiquités égyptiennes, une belle douane, un vaste bazar, une école polytechnique et des écoles de dessin, de langues vivantes et d'arts et métiers.

En face de Boulaq, à Gizeh, se trouvent les établissements de plaisir (casino, champ de courses, polo, lawn-tennis).

3. **ASSIOUT** (31.398 habitants). — La principale ville de la Haute-Egypte, située à un kilomètre de la rive gauche du Nil, avec lequel elle communique par une large chaussée. Elle dresse, au milieu d'un bois de palmiers, ses maisons en limon surmontées de douze minarets. On y remarque plusieurs églises, et un couvent copte, de belles mosquées, un bazar très fréquenté, un tribunal indigène de 1re instance et une agence consulaire de France.

4. **LOUQSOR.** — Village aux maisons grises, dont on a fait depuis quelques années une station hivernale avec de grands hôtels anglais et américains. Il y a à Louqsor une mosquée, un hôpital anglais et une école des Franciscains dans laquelle on enseigne le français. Mais ce village est surtout célèbre en ce qu'il est situé sur les ruines de l'antique Thèbes aux Cent-Portes. Cette ville imposante, qui s'étendait jadis sur les deux rives du Nil et avait 48 kilomètres de circonférence, n'est plus aujourd'hui qu'un amas de palais en ruines, d'obélisques, de colonnades géantes; les touristes y visitent surtout les colosses de Memnon, le grand temple de Karnak et les restes gigantesques du Ramesseum.

5. **ASSOUAN.** — Échelonnée sur le penchant d'un coteau planté de palmiers, vis-à-vis de l'île Élephantine que couvrent les ruines d'une ville bâtie par les anciens Égyptiens. C'est la dernière localité de l'Égypte avant la Nubie. On y trouve un grand hôtel de l'agence Cook et un bazar. En dehors de la ville sont baraquées les troupes égytiennes, près des gracieux cottages des officiers anglais qui se sont installés là comme s'ils devaient toujours y rester.

6. **KOROSKO.** — Sur la rive droite du Nil. Village nubien sans importance, mais occupé par les troupes anglo-égyptiennes (800 fantassins, 400 artilleurs) qui, avec leurs femmes, leurs enfants et les services auxiliaires, forment le plus clair de la population. Korosko est aussi le point de départ d'une route de caravane qui coupe à travers le désert sur Abou-Hammed de façon à éviter la longue et difficile navigation du Nil.

7. **OUADI-HALFA** (2.082 habitants) — Était tout récemment encore le point terminus de l'occupation anglo-égyptienne sur le Haut-Nil. Il se compose de trois agglomérations.

Tewofikieh, nouvellement construit et entouré de murs, consiste uniquement dans deux longues rues; dans l'une sont les boutiques, les métiers; dans l'autre se tient une espèce de marché permanent. Le village est surmonté par une blanche tourelle: le minaret de la mosquée.

Un peu en amont, séparé de Tewofikieh par un espace de terrains cultivés, s'élève le village nègre, immense carré régulier, divisé comme un damier, où chaque famille de soldats soudanais a sa case en terre durcie.

Enfin, encore plus haut, derrière une enceinte fortifiée, s'élèvent d'immenses installations militaires, casernes, écuries pour 500 chameaux, parcs d'artillerie. Le fleuve est bordé par les *bungalows* des officiers anglais, sortes de maisonnettes enfouies dans les fleurs, et précédées de minuscules jardinets bien entretenus. Devant la maison du général commandant s'étend un parterre avec café et kiosque pour la musique.

8. DONGOLA (4.000 habitants). — Sur la rive gauche du Nil, la localité la plus importante de la Basse-Nubie, était, il y a peu de temps encore, occupé par les Derviches du Mahdi. Presque toutes les maisons, assez grandes, sont en terre mêlée de paille hachée. En 1896, Dongola a été réoccupée par les troupes anglo-égyptiennes.

9. ABOU-HAMMED. — Isolé en plein désert au point où vient aboutir la route de caravanes venant de Korosko, tire sa subsistance de la grande île cultivée de Mograt. La ville a été réoccupée en 1897 par les Anglo-Égyptiens.

10. BERBER (10.000 habitants). — Ville principale de la Haute-Nubie, s'étend sur un espace d'un kilomètre le long de la rive droite du Nil. Les maisons sont en terre et n'ont généralement qu'un rez-de-chaussée. Il y a, à Berber deux bazars. Un lieutenant du Mahdi, commandant à 600 derviches, s'y est rendu à peu près indépendant.

11. KHARTOUM. — Ancienne capitale du Soudan Égyptien, située au confluent du Nil Blanc et du Nil Bleu. Cette ville, jadis fort importante, n'est plus qu'un amas de ruines, depuis qu'elle est tombée entre les mains du Mahdi; les jardins seuls sont encore entretenus.

12. KASSALA (10.000 habitants). — Ville fondée en 1850 par les Égyptiens sur le Gâch dans une région dépourvue d'eau et de vivres. Conquise par les Mahdistes, elle a été réoccupée récemment par les Italiens qui parlent de la céder aux Anglais. Elle est défendue par le fort Baratieri, construit sur l'emplacement d'une ancienne manufacture de coton; ce fort, qui mesure 100 mètres sur 200, est entouré d'un mur en briques, renforcé par une épaisse banquette de terre, et d'un fossé large et profond; à l'intérieur a été creusé un puits qui peut fournir une assez grande quantité d'eau.

13. ADOUA (4.000 habitants). — Capitale du royaume du Tigré, n'est guère plus aujourd'hui qu'un amas de ruines. Les cases encore debout sont généralement bâties en pierre et en argile et entourées d'un mur renfermant le plus souvent un jardin; presque toutes sont à terrasses, et contiennent une cour intérieure. En fait d'édifices il n'y a que deux églises: la principale, placée sous le vocable de la Sainte-Trinité, est de forme circulaire et couverte en paille; l'autre église, dédiée au Sauveur, est plus petite mais plus belle. Les maisons sont disposées sur les deux flancs d'une vallée dans une région fertile et bien cultivée. Un peu au Nord-Ouest se trouve une hauteur que les Italiens avaient fortifiée, mais qu'ils ont dû évacuer un peu avant le désastre connu sous le nom de bataille d'Adoua.

14. GONDAR (8.000 habitants). — Capitale de la province d'Amhara et centre principal de la religion abyssine (chrétienne orthodoxe). La ville proprement dite est bâtie sur une colline à 40 kilomètres au Nord du lac Tana; les faubourgs se trouvent au pied et sur les flancs de ce lac. Les principaux édifices sont les églises et le palais des rois qui, flanqué de tours et de murailles, ressemble à une forteresse du moyen-âge. Gondar est divisé en deux parties: la ville musulmane, habitée par une population de marchands, et la ville chrétienne où se trouvent les églises. On y voit quelques tanneries et quelques fabriques de tissus.

15. ANKOBER (15.000 habitants). — Capitale du Choa, bien que le roi n'y ait jamais résidé, occupe le revers oriental d'une chaîne de montagnes volcaniques, et est située à une altitude de près de 3.000 mètres. Ses maisons aux toits coniques, pour la plupart sans fenêtres, sont enfoncés dans la verdure, et ses églises sont nombreuses et bien entretenues.

16. LOGH. — Village somali situé sur le Djoub. Les Italiens viennent d'y établir une station fortifiée.

17. BARDERA (2.000 habitants de race somali). — Misérable village situé sur les hauteurs qui dominent la rive gauche du Djoub, se compose d'environ 500 cabanes aux toits coniques et gris. Les côtés Nord, Est et Sud sont entourés de murailles tombant en ruines et d'un fossé de trois ou quatre mètres de profondeur; le côté Ouest est fermé par le fleuve.

18. KISMAYOU. — Ville située sur la baie du Refuge, un peu au Sud de l'embouchure du Djoub. Au pied d'une chaîne de collines couvertes d'acacias mimosas, quelques constructions en pierre et le fort dominent une agglomération de cases où habitent les négociants arabes et les soldats de la garnison. Devant le fort se trouvent le bazar et le marché. A quelques centaines de mètres, s'élève un village indigène somali. Kismayou, qui appartenait au sultan de Zanzibar, est aujourd'hui un port anglais administré par la Cie Impériale Britannique de l'Est Africain.

5me ITINÉRAIRE

1. LIBREVILLE (3.000 habitants, pour la plupart chrétiens). — Chef-lieu de la colonie du Congo français, s'étend à l'embouchure du Gabon sur une longueur de plus de 4 kilomètres. Au centre, sur un plateau, la résidence avec les différentes administrations, l'hôpital et la maison des sœurs ; d'un côté la mission catholique de Sainte-Marie, quelques maisons françaises et les centres indigènes de Four-à-Chaux, Sainte-Anne et Saint-Jean ; de l'autre les factoreries anglaise et allemande de Pira, de Glass, et la mission presbytérienne américaine de Baraka. On trouve à Libreville un tribunal de première instance et un jardin d'essai.

2. LAMBARÉNÉ. — Poste militaire français dans une île de l'Ogôoué, situé sur une colline ; à côté s'élève au milieu de belles plantations la mission catholique française avec une chrétienté de 500 personnes L'agglomération comprend encore une mission protestante française et quatre factoreries (une française, une allemande et deux anglaises). Ce sont de belles habitations en planches avec vérandahs qu'entourent les cases des employés indigènes. En face, sur la rive gauche, s'élève le village indigène de Lambaréné.

3. LASTOURVILLE. — Poste français bâti sur un petit plateau à environ vingt mètres des hautes eaux de l'Ogôoué. La station, entourée de palmiers à huile, est très salubre ; elle est voisine d'une mission catholique française qui s'est consacrée à l'évangélisation des Adoumas.

4. FRANCEVILLE. — Poste français, sur une hauteur qui domine la Passa, ne se compose encore que d'un petit groupe de maisons et de hangars, le tout enfermé dans une enceinte au tracé bastionné. Les cases avoisinantes sont occupées par des porteurs, des bateliers et des esclaves affranchis.

5. OUOSSO. — Poste français sur la rive gauche de la Sangha. En face, dans une île, se trouve un beau village indigène composé de cases dont quelques-unes sont de véritables maisons. Le palais du roi mesure quarante mètres de long sur vingt de large et sept de haut ; c'est une grande case divisée en plusieurs pièces et peinte en rouge avec des ornements noirs et blancs représentant des animaux. Il y a aussi à Ouosso une factorerie belge.

6. BANIA. — Poste français situé près du village du chef Djumbé, au pied des rapides de la Mambéré et à la tête de la grande route commerciale qui mène à Yola ; il est occupé par un administrateur français et huit miliciens sénégalais.

7. CARNOT. — Ce poste français, situé sur la rive droite de la Mambéré, se composait de trois cases suffisantes pour loger cinq Européens et de trois autres cases servant de magasins, le tout entouré d'une palissade et d'un fossé. On vient de le déplacer pour le reporter à vingt kilomètres plus au sud ; il est occupé par un administrateur civil et quelques miliciens.

8. BANGUI. — Poste français, situé dans une clairière sablonneuse sur la rive droite de l'Oubanghi ; il consiste en une mauvaise case pour les Européens et deux hangars pour les noirs, et il est souvent inondé aux hautes eaux. Le premier chef de ce poste a d'ailleurs été tué et mangé par les indigènes. A trois kilomètres en amont, mission catholique française de Saint-Paul-des-Rapides qui se compose de cinq bâtiments et est reliée au poste par une bonne route. En face, sur la rive gauche, se trouve le poste belge de Zongo.

9. LES ABIRAS. — Poste français situé au confluent de l'Ouellé et du Bomou qui forment l'Oubanghi, dans une région plate, marécageuse et triste, inondée une partie de l'année. Il n'y a pas un arbre ; le poste, composé de cases en pisé, échelonnées le long de la rive, est entièrement entouré de hautes herbes ; le sol, argileux et aride, ne laisse pousser que quelques chétifs légumes. Près du poste, très grand village indigène de plusieurs kilomètres de long et factorerie belge.

10. BANGASSO. — Poste fondé par les Belges et cédé récemment à la France. Le village indigène, situé à dix minutes de la station et à 300 mètres de la rive droite du Bomou, est une large agglomération où chaque famille vit dans un enclos séparé. Autour de l'habitation du roi les huttes sont particulièrement nombreuses, car, outre les siennes propres, il y a encore celles de son harem qui compte 1500 femmes. Toutes ces huttes, entourées de jardins, sont groupées autour d'une grande place rectangulaire au centre de laquelle s'élève un grand hangar où l'on se réfugie en cas de mauvais temps pour continuer les jeux. Il se trouve également à Bangasso une factorerie belge.

11. RAFAÏ (2.500 habitants). — Poste militaire français, situé un peu au nord du Bomou, à côté du village d'un nègre, ancien sous-officier de l'armée égyptienne, qui s'est taillé un vaste royaume dans cette contrée. Le village se compose d'un certain nombre de huttes coniques en paille ayant à la base une partie cylindrique en pisé. Le tout est entouré d'une triple palissade en troncs d'arbres à l'intérieur de laquelle on accède par une porte solidement barricadée.

12. DOUNGOU. — Fort belge situé dans une position très forte au confluent de la rivière Doungou et de l'Ouellé ; il est entouré d'une enceinte défendue par six canons, et possède une garnison de plus de 1.000 hommes, sous le commandement de douze Européens. L'enceinte renferme une quinzaine de maisons en briques et de belles plantations.

13. OUADELAÏ. — Village sur la rive gauche du Nil, et ancien fort égyptien où Emin-Pacha, gouverneur de la Province Equatoriale, concentra son administration, lorsque l'insurrection du Mahdi l'eût coupé du Caire. Depuis, Stanley a délivré Emin-Pacha, et la plupart de ses soldats soudanais sont passés au service des Anglais de l'Ouganda. Ouadelaï a été placé dans la zone d'influence de l'Etat du Congo, et les Belges ont occupé quelque temps l'ancien fort d'Emin. Les Anglais de leur côté ont passé un traité avec le chef du pays. Cependant aujourd'hui ce point est inoccupé.

14. KABAREGA. — Ce nom est à la fois celui du roi de l'Ounyoro et de sa capitale ; celle-ci a souvent changé de place. Néanmoins, depuis que le roi a été expulsé par les Anglais, on donne genéralement ce nom à l'agglomération qui s'étend sur les bords de la rivière Hoïma ; elle se compose d'un millier d'habitations dispersées sur un grand espace et réparties par petits groupes de trois ou quatre entourées de palissades en bois et cachées dans les plis du terrain et dans une forêt de bananiers. A huit kilomètres de là se dresse, sur les bords de la même rivière, le fort d'Hoïma, quartier-général des forces anglaises dans l'Ounyoro.

15. ROUBAGA (25.000 habitants). — Capitale du royaume nègre chrétien de l'Ouganda, est bâtie, comme Rome, sur sept collines dont les principales sont celles de Mengo (palais du roi contenant une centaine de cases entourées de roseaux), de Kampala (fort anglais et habitations d'un millier de musulmans), de Roubaga (ancienne résidence royale — mission catholique française avec église et séminaire — sur les flancs de la colline, s'élèvent les résidences des chefs catholiques), de Nawirembé (mission protestante anglicane), et de Nsambya (mission catholique anglaise).

16. MOUANSA. — Fort allemand situé au débouché du golfe Speke dans le Victoria-Nyansa. A une journée de marche au sud sur le même golfe se trouve la mission catholique française de Notre-Dame de Kamoga (belle chapelle de 15 mètres de long sur 5 de large, et village de 1500 catéchumènes).

17. MOSCHI. — Fort allemand situé sur le versant sud du Kilima-ndjaro (le Mont-Blanc africain qui mesure 6.000 mètres et est couvert de neiges éternelles). A trois lieues au Sud-Est, mission catholique française avec école de 150 enfants ; à trois lieues au Nord-Ouest, autre mission catholique française. Le fort et les missions se trouvent à 1500 mètres d'altitude ; le climat y est tempéré et l'on peut y cultiver tous les légumes d'Europe.

18. MOMBAZ (15.000 habitants). — Capitale des établissements de l'Est-Africain anglais, s'élève sur la rive orientale d'une île très boisée, reliée au continent par une chaussée. Ses maisons en pierre s'alignent sur le bord de la mer, cachant derrière elles un amas de huttes en boue couvertes en feuilles de palmiers entre lesquelles un lacis de petits sentiers permet de circuler. Une grande rue, desservie par un tramway, traverse Mombaz dans toute sa longueur parallèlement à la mer. Les seuls édifices sont quelques mosquées, de nombreuses ruines portugaises et notamment un fort de grande dimension bâti sur un point culminant qui domine la ville et la pleine mer. En face de Mombaz, sur le continent, s'élève le somptueux établissement de la mission protestante anglaise. De Mombaz part un chemin de fer, encore inachevé, qui doit conduire à l'Ouganda.

6me ITINÉRAIRE

1. **BANANA** (860 habitants dont 120 Européens). — Port très sûr et accessible aux plus gros navires, formé par une crique du Congo. Cette crique est séparée de la mer par une langue de sable sur laquelle est bâtie la ville. Banana est une ville toute européenne, chef-lieu de district de l'état du Congo et siège d'un tribunal de 1re instance. On y trouve un hôtel, des factoreries anglaise, française, belge, hollandaise, portugaise et des consulats de France, des Etats-Unis, des Pays-Bas, du Portugal. Toutes ces maisons blanches s'alignent sur le rivage presqu'à fleur d'eau et étincellent au soleil sous les pavillons multicolores des factoreries et des consulats. A huit kilomètres au nord, au sommet d'une haute falaise, mission catholique belge avec couvent pour les religieuses.

2. **BOMA** (3.700 habitants dont 200 européens). — Capitale de l'Etat Indépendant du Congo et siège du gouverneur général et d'un tribunal d'appel.

Boma se divise en deux parties :

Boma-rive, où se trouvent les factoreries française, anglaise, belge, hollandaise et portugaise ; on y débarque au moyen d'un wharf en fer où peuvent accoster les navires venant d'Europe.

Boma-plateau, relié à Boma-rive par un tramway à vapeur ; c'est là que se trouvent le châlet du gouverneur, l'église catholique en fer, le presbytère et un hôtel pour les voyageurs.

Boma est remarquable par ses belles plantations de bananiers, palmiers et mangliers, et par son jardin botanique ; la police y est faite par un corps indigène spécial ; on y trouve des clubs et des consulats de Grande-Bretagne, des Etats-Unis et d'Italie.

La défense de la capitale est assurée par un fort en béton de tracé moderne et armé de huit canons Krupp.

3. **MATADI.** — Chef-lieu de district de l'État Indépendant du Congo, situé au milieu de beaux arbres sur les flancs des rochers qui tombent presqu'à pic sur le Congo.

Au sommet grandes constructions en fer servant d'habitations aux agents de l'Etat et du chemin de fer, hôtel restaurant, bureaux, caserne, hôpital, église catholique, presbytère, factoreries belge, hollandaise, portugaise, justice de paix, prison.

Au pied, sur un terre-plein creusé à la dynamite, grands magasins, entrepôts, abattoir, ateliers, hangars servant de remise au matériel roulant du chemin de fer, château-d'eau, parc à combustible et gare.

Matadi est le plus haut point du Congo où parviennent les steamers venant d'Europe qui y débarquent au moyen d'un wharf en fer ; c'est de là que part le chemin de fer en construction qui contourne les chutes du Bas-Congo pour aboutir, près de Léopold-ville, au bief navigable du Haut-Congo.

4. **LÉOPOLDVILLE.** — Chef-lieu de district de l'État Indépendant du Congo. La station est établie sur trois terrasses pratiquées sur le versant d'une colline, au-dessus du Stanley-Pool. On aperçoit d'abord la maison du commissaire du district, habitation

coquette en bois blanchie extérieurement, puis une deuxième maison renfermant les logements du médecin et de l'adjoint de la station et quatre chambres d'étrangers ; à côté une troisième grande maison pour les agents européens subalternes, sous-officiers de la force publique, agent commercial, personnel des steamers, mécaniciens, armuriers ; en deuxième ligne, sur la même terrasse, les petits bâtiments accessoires ; enfin, au sommet de la colline, les bâtiments d'une mission protestante américaine.

Tout près de Léopoldville, à Kinchassa, se trouve le port d'attache des steamers du Haut-Congo, ainsi que deux factoreries (hollandaise et belge) et une mission protestante anglaise. En face, sur l'autre rive, s'élève la station française de Brazzaville, avec une factorerie belge et un couvent catholique français.

5. BERGHE-SAINTE-MARIE. — Village d'une vingtaine de huttes, situé au confluent du Kassaï et du Congo. Sur une terrasse, à mi-côte de l'escarpement triangulaire formé par le confluent, se trouve une mission catholique belge avec chapelle, maison pour les Pères et maison pour les religieuses. La mission est protégée par un poste de quelques soldats noirs commandés par un caporal. A Berghe se trouve aussi une factorerie belge.

6. EQUATEURVILLE (6.000 habitants). — Camp d'instruction pour l'Etat Indépendant du Congo, avec personnel blanc nombreux, de belles plantations de café, et des magasins regorgeant de caoutchouc. Factorerie belge et mission protestante américaine. A quelques kilomètres de là se trouve Coquilhatville, chef-lieu de district de l'Etat Indépendant et bureau de poste, qui possède également de belles plantations de café et de canne à sucre. Enfin, à deux heures et demie de Coquilhatville, mission des Pères Trappistes belges.

7. BANGALA ou NOUVELLE-ANVERS (100.000 habitants). — Immense agglomération indigène, s'étendant sur plusieurs kilomètres le long de la rive droite du Congo. C'est aussi un chef-lieu de district de l'Etat du Congo. Le fort consiste en un rectangle entouré d'une palissade et d'un fossé avec quatre blockhaus aux angles ; à l'intérieur une grande maison à un étage et deux maisons plus petites servent de domicile au chef de district et à ses deux adjoints. Ces habitations, ainsi que la cuisine, les magasins et les logements du personnel noir, sont de spacieux bâtiments en briques, précédés de vérandahs, et séparés par des parterres de fleurs et des bosquets de lilas.

Derrière la station s'élève un hôpital pour 40 malades, un magasin d'armes avec habitation pour le personnel blanc de la force publique, le camp des soldats noirs, une bergerie, un four à briques, et des plantations de riz, café, cacao, couvrant plus d'un kilomètres carré.

A 900 mètres en amont de la station se trouve la mission catholique belge et la colonie militaire qui comporte huit maisons en briques où logent 600 jeunes noirs destinés à former les cadres subalternes de l'armée congolaise.

On trouve aussi à Bangala un bureau notarial et une factorerie belge.

8. BAZOKO. — Grande agglomération de villages indigènes s'étendant sur une longueur de quatre kilomètres sur la rive droite de l'Arouhimi, près le confluent du Congo. Les Belges ont, à l'embouchure même, établi un camp retranché occupé par 600 hommes. L'enceinte, d'un mètre d'épaisseur et de quatre mètres de hauteur, se compose de deux rangées de pieux entre lesquels on a tassé de la terre glaise ; cette enceinte enveloppe un hauteur assez considérable qui a été convertie en un réduit où brillent les gueules de sept canons. Ce réduit est composé de cinq maisons en quadrilatère dont les façades sont tournées vers l'intérieur ; les murs extérieurs sont crénelés. Entre le réduit et l'enceinte se trouvent l'infirmerie, la cuisine, les dépendances, baraquements, potagers, etc.

9. STANLEY-FALLS. — Ancienne résidence du grand chef esclavagiste Tippo-Tib qui a été expulsé dernièrement avec tous ses sujets arabes. Les Belges sont parvenus, au prix de beaucoup d'hommes et d'argent, à asseoir définitivement leur domination sur ce point important où les chutes de Stanley coupent la navigation du Congo ; leur nouvelle station, armée de trois canons Krupp, est établie sur la rive droite au milieu des villages indigènes. En amont, sur la même rive, se trouvent deux factoreries belge et hollandaise. La demeure du résident de l'État et une deuxième factorerie belge sont construites sur la rive gauche.

10. WABUNDU ou PONTHIERVILLE. — Nouveau poste belge créé en 1894 sur la rive gauche du Congo, vis-à-vis le confluent de la rivière Léopold. Belles plantations de café.

11. NYANGOUÉ. — Situé sur une berge rougeâtre assez élevée au-dessus du fleuve, et divisé en deux parties par une gorge profonde souvent inondée où de vastes rizières ont été installées. C'était, il y a encore peu de temps, l'établissement central des Arabes dans la région, et un grand marché esclavagiste, mais, grâce à la campagne énergique menée par les Belges, les Arabes ont été chassés, et l'Etat du Congo a établi un poste fortifié à Nyangoué. L'ancienne ville arabe est d'ailleurs aujourd'hui entièrement en ruines.

12. KABAMBARRÉ (10.000 habitants). — Ancien marché esclavagiste, aujourd'hui occupé par les Belges. C'est une immense agglomération d'un rayon de deux lieux, située dans un cirque naturel. La station de l'Etat du Congo comprend trois maisons de blancs, précédés de jardins, et un mess, le tout en briques ; en face, le champ de manœuvres où viennent aboutir trois immenses avenues. Bordant ces avenues, sont les cases des soldats construites en pisé et parfaitement alignées, avec cours et jardins. A la station sont annexés un jardin potager et une grande plantation de caféiers.

13. ALBERTVILLE. — Station antiesclavagiste et bureau de poste, située à trois heures au sud du point où le Tanganyka déverse ses eaux par la Loukouga dans le Congo.

14. MPALA (8.000 habitants tous chrétiens). — Vaste agglomération formée par la mission catholique des Pères Blancs et la Société antiesclavagiste et comprenant :

Notre-Dame de Mpala, station missionnaire avec monastère en pierre et en briques de style roman, et de belles plantations.

Beaudoinville, station missionnaire, avec deux orphelinats, un village chrétien et de beaux champs de blé.

Saint-Louis-de-Mrumbi, station missionnaire et poste antiesclavagiste, sur un éperon rocheux, avec deux villages chrétiens.

Enfin les villages chrétiens du Sacré-Cœur, de Santa-Maria, de Boré et de Mpuka.

15. KAREMA (3.000 habitants tous chrétiens). — Réunion de 17 villages chrétiens, assemblés par les Pères Blancs autour de la station missionnaire de Notre-Dame de Karema. Celle-ci, construite sur un mamelon à 1500 mètres du lac, est un ancien poste belge qui, avec son enceinte hexagonale en pisé, a l'aspect d'un fort du moyen-âge. A l'entour s'élèvent le couvent des religieuses, les orphelinats pour garçons et filles, et l'église, grand monument en pierre couvert de tuiles, long de 50 mètres et large de 13. Dans la plaine, belles cultures de maïs, de manioc, de sorgho, de patates et de riz.

16. TABORA (25.000 habitants). — Point d'étape important sur la route de la côte au Tanganyka. C'était aussi autrefois un grand centre esclavagiste, mais les Allemands ont mis à la raison les 83 Arabes qui opprimaient la population. Tabora est une agglomération de *tembés* arabes ou indigènes groupés sans symétrie sur un petit plateau qui domine une vaste plaine ; chaque tembé est entouré d'un verger, ce qui donne à la ville un aspect très riant. Les Allemands ont établi à Tabora un poste occupé par un lieutenant et 70 hommes avec une pièce d'artillerie.

17. MPOUAPOUA. — Grand fort allemand situé sur une éminence au milieu de la plaine, non loin du fortin détruit par les Arabes en 1889. L'enceinte, formant un carré de 40 mètres de côté, consiste en murailles de granit percées de meurtrières et haute de deux mètres ; elle est flanquée de quatre tourelles. A l'intérieur s'élèvent les huttes d'une centaine de soldats soudanais ou zoulous, et les habitations des trois Européens qui commandent cette troupe. Dans la brousse avoisinante, nombreux villages indigènes qui entretiennent des relations suivies avec le marché du fort.

18. BAGAMOYO (10.000 habitants dont 58 Européens). — Principal point de départ des caravanes pour la région des grands lacs, bien que ne possédant point de port ; est situé au pied d'un plateau sur une plage qui s'incline doucement vers la mer. Du large on aperçoit d'abord les maisons européennes, bazars, factoreries, qui se détachent en blanc sur le fond sombre des cocotiers ; puis, au-dessous, des cases plus modestes, dispersées sans ordre, font voir leurs murs en torchis, et leurs toits en feuilles de cocotiers tressées. A trois kilomètres au Sud-Est, s'élève la grande maison carrée du gouverneur au milieu de jardins ombreux ; au Nord-Ouest, c'est la mission catholique française avec une école fréquentée par 600 enfants. Bien que l'absence de port ait fait préférer, à Bagamoyo, Dar-ès-Salam comme capitale de l'Est-Africain allemand, Bagamoyo n'en est pas moins le marché le plus fréquenté de la côte ; on y rencontre surtout des Hindous de Bombay et des Portugais de Goa. Aussi les Allemands y ont-ils un fort, une garnison, un résident et une douane.

7me ITINÉRAIRE

1. SAINT-PAUL-DE-LOANDA, ou plus exactement *São Paulo da Assumpção de Loanda* (16.000 babitants). — Capitale de la colonie portugaise d'Angola. Port sûr, abrité par une île et défendu par plusieurs forts. La ville s'étage en amphithéâtre et descend à la mer en face de l'îlot ombragé de cocotiers sur lequel est bâti l'arsenal Les rues sont droites et propres, bordées de maisons en bois, vastes et agréables, toutes munies d'une vérandah, et peintes de couleurs gaies, rose, jaune ou bleu tendre. Saint-Paul de Loanda est le siège du gouverneur, d'un évêché, d'une cour d'appel, et un lieu de déportation ; on y trouve des hôpitaux militaires, des écoles, des consulats de plusieurs grandes puissances, une banque et un journal.

2. AMBACA ou PAMBA-RÉAL. — Chef-lieu administratif, ne se compose que d'une seule rue avec trois maisons et une douzaine de paillottes ; les habitants, tous vêtus de noir, paraissent tristes et misérables ; il y a cependant dans les environs de belles plantations de tabac et d'arachides qui prendront encore plus d'extension après l'inauguration du chemin de fer de Loanda à Ambaca. L'autorité portugaise est représentée à Pamba-Réal par le chef du cercle, un mulâtre, major aux Chasseurs d'Afrique (troupe correspondant à nos tirailleurs sénégalais).

3. MALANGÉ (1.500 habitants dont une cinquantaine de blancs et mulâtres portugais). — Village nègre situé près d'un grand marais qui en rend le climat malsain. Dans les environs cinq grandes plantations de cannes à sucre. Les Portugais ont construit à Malangé un fort, simple retranchement en terre entourant la résidence.

4. CASSANGÉ. — Construit sur un plateau, est le poste portugais le plus avancé vers l'intérieur dans cette partie de la colonie d'Angola. On n'y voit qu'une quarantaine de maisons en branchage recouvertes en pisé où les marchands portugais font le commerce avec les trafiquants du Haut-Zambèze et du Haut-Congo ; c'est pourquoi on appelle aussi ce poste « *Feira* » (Foire).

5. MANGOMBÉ. — Poste militaire de l'État Indépendant du Congo, situé sur la rive droite du Kouango.

6. OUAMBA. — Village indigène et factorerie belge sur le Djouma. Ce village fait partie d'une vaste agglomération qui s'étend sur les deux rives.

7. MAÏ-MOUENÉ. — Poste militaire de l'État Indépendant du Congo, situé à quelque distance de la rive gauche du Kassaï.

8. LOULOUABOURG. — Poste belge, se compose de deux bâtiments, l'un de 12 mètres, l'autre de 8 mètres de façade, de trois magasins, de cinq petites habitations pour l'interprète, les étrangers, etc., d'une caserne de 30 mètres de façade, d'une cuisine, d'une maisonnette pour l'observatoire météorologique, d'une salle de bains, d'une buanderie, d'un pigeonnier, d'une prison et d'étables. Le tout est clôturé par une palissade de 300 mètres de pourtour avec bastions. A 250 mètres se trouve le village des nègres amenés de la côte, et à 900 mètres plus loin celui des indigènes. Dans toutes les directions les chemins ont été élargis à cinq mètres et des ponts jetés sur les rivières.

Près de là sur une colline, s'élèvent la mission catholique belge de Saint-Joseph, et le village chrétien de Lourdes-Notre-Dame avec église et presbytère Toute cette agglomération comprend 1.200 chrétiens.

Il y a aussi à Loulouabourg une factorerie belge.

9. LOUSAMBO (2.000 habitants). — Chef-lieu de district et camp d'instruction de l'État Indépendant du Congo. Cette station, occupée par 500 hommes et défendue par de l'artillerie, est située sur la rive droite du Sankourou, dans une plaine parsemée de bouquets d'arbres, sur un point où la rive à pic domine la rivière de quinze mètres. A dix minutes en amont se trouve, à un kilomètre du Sankourou, l'agglomération indigène, beau village de 300 huttes formant deux grandes rues très larges, l'une bordée de palmiers et de bambous, l'autre de bananiers. Les huttes sont toutes de forme allongée, terminées par un toit conique ; elles sont hautes de cinq mètres et sont entièrement couvertes de paille ; pas d'autre ouverture que la porte qui glisse à l'intérieur sur deux tringles transversales.

A quatre lieues en amont de Lousambo, sur le Loubi, la mission catholique belge de Saint-Trudon compte environ 300 indigènes.

10. GANDOU (4.000 habitants). — Vaste agglomération indigène qui était, avant l'occupation belge, un grand marché d'esclaves. La ville située sur le Lomami, est entourée par un fossé et, par une enceinte fortifiée en pieux entrelacés sur lesquels, par places, sont venues de nouvelles pousses ; il n'y a qu'une porte ; c'est un boyau étroit fermé par une sorte de herse. Eu 1892, les Belges ont fondé, en face sur l'autre rive, un poste militaire de l'État Indépendant, et en 1895, ils ont exécuté le chef du village qui était un affreux négrier.

11. MPOUETO. — Situé à cinq kilomètres du point où le Congo, sous le nom de Loualaba, sort du lac Moero ; c'est un poste militaire et douanier de l'État Indépendant. Un peu au Sud, sur les bords du lac, s'élève un fort anglais.

12. ABERCORN. — Station anglaise sur des hauteurs salubres qui dominent le Tanganyka, à 1.300 mètres au-dessus du lac, et centre de commerce très actif. La station a été entourée par une estacade, et on y a mis une petite garnison de *Sikhs* (soldats hindous); un chenal draine les marécages de la plaine qui s'est changée en un beau champ de plantations. Les indigènes des districts environnants, attirés par la protection que leur assure le fort contre les marchands d'esclaves, ont établi des villages autour de la station.

13. MAMBOUÉ (300 habitants). — Se compose de deux villages séparés par un ruisseau, dans un pays assez salubre, sur la route Stevenson qui va du Tanganyka au Nyassa. Au Nord, se trouve la mission catholique française de Notre-Dame des Anges qui renferme, dans son enceinte de 100 mètres de côté, quatre bâtiments en briques (chapelle, maison d'habitation, magasin et étable). Sur la face Ouest de l'enceinte se trouve un petit village de catéchumènes ; les autres faces sont garnies de plants d'eucalyptus.

14. KARONGA. — Station commerciale et poste fortifié anglais, construits sur une belle plage sablonneuse au bord du Nyassa. En arrière s'éparpillent, dans les bananiers, les cases du village indigène.

15. BANDAOUÉ. — Mission protestante écossaise. La station s'élève sur un cap sablonneux de la rive occidentale du Nyassa à 40 mètres au-dessus de l'eau, et à un kilomètre à peu près des deux baies formées par le cap dans le Nord et dans le Sud. Les bâtiments, grands et bien aérés, construits par des ouvriers de métier, en briques cuites, avec des portes et des fenêtres vitrées, s'étendent sur une seule ligne ; devant eux un essai de pelouse sur un sable récalcitrant ; derrière, un petit jardin plein d'ananas, de caféiers, de goyaviers. En 1895, les Anglais ont établi un bureau de poste à Bandaoué.

16. MPONDA (3.000 habitants). — Village indigène situé sur la rive droite du Chiré, au milieu des marais dans un climat malsain. Il s'y trouvait une mission catholique française qui a dû être évacuée à cause du climat et de l'état de guerre permanent de la région ; depuis, le village a été bombardé et brûlé par les Anglais. En face, sur la rive gauche, s'élève un poste anglais, le fort Johnston, autour duquel se développe un centre de population.

17. ZOMBA. — Capitale de l'Afrique centrale anglaise, sur le versant oriental du Mont Zomba, dans un site salubre et superbe. Elle a été fondée par des missionnaires anglais ; depuis, des planteurs écossais y ont créé un établissement considérable pour la production du sucre, du café (100.000 pieds) et des graines oléagineuses. La résidence du commissaire britannique, bâtie sur le bord d'un petit torrent qui descend en cascades, est une superbe maison en briques à un étage, flanquée de deux tourelles et recouverte de plantes grimpantes. Il se publie à Zomba deux journaux.

18. QUELIMANE ou SÃO-MARTINHO (9.000 habitants). — Ville portugaise très insaluble située à l'embouchure de la rivière Quaqua qui n'est séparée du delta du Zambèze que par un seuil peu élevé. La ville européenne s'aligne sur la plage entre la mer et un grand bois de cocotiers ; ses maisons à un étage, couvertes en briques rouges, se pressent autour de l'église. Les Cafres constituent le gros de la population et sont concentrés autour de la ville dans de nombreux villages, pour jouir de la protection que leur assure la petite garnison portugaise.

8me ITINÉRAIRE

1. MOSSAMÉDÈS (7.000) habitants dont 2.000 de race blanche). — Résidence d'un sous-gouverneur de la colonie portugaise d'Angola. Bâtie dans une immense plaine de sable sans arbres ni arbustes au bord de la baie des Petits Poissons qui forme un port vaste et profond. C'est une ville très bien entretenue et très salubre ; les rues larges se coupent à angle droit et sont bordées de maisons spacieuses et confortables. Les principaux édifices sont le palais du gouverneur, le fort, la douane, la chambre municipale, l'hôpital, l'église catholique et les bureaux du câble sous-marin. Mossamédès possède une société savante et un journal.

2. HUILLA. — Chef-lieu de cercle portugais sur un affluent du Counène. En 1880, une colonie de 270 Boërs du Transvaal, attirés par le climat sain et agréable de ce beau plateau, y a fondé, sous la protection du fort portugais, une petite ville du nom de Sâo Januario. A Huilla se trouve également une mission catholique française avec ateliers et vastes cultures (pommes de terre, céréales, vignes).

3. CATOCO. — Village indigène, situé entre le Counène et le Coubango. On y trouve une mission catholique française protégée par le fort portugais Princesa Amelia.

4. CAOU-EO-HOUÉ. — Ville principale de la tribu des Amboellas, cachée au milieu des roseaux dans des îles formées par la rivière Couchibi. Ces îles étant presqu'au niveau de la rivière, les cases, immenses ruches aux toits coniques en paille, sont montées sur pilotis.

5. LIALOUI. — Capitale du pays des Barotsé, située à 20 kilomètres à l'Est du Zambèze, dans une île de 50 kilomètres de long formée par un bras secondaire. On y trouve une mission protestante française.

6. SÉCHÉKÉ. — Ancienne capitale du pays des Barotsé, située sur un plateau sablonneux à huit mètres au-dessus du Zambèze. Ce n'est qu'une réunion de huttes en bois et en torchis, surmontées d'une toiture en paille ; ces huttes sont rondes et en contiennent généralement une seconde concentrique. Le palais du roi est constitué par une dizaine de ces cases affectées aux dignitaires, aux reines, à la pharmacie, au roi lui-même, le tout enfermé dans une clôture en roseaux. La population est très variable, suivant que le roi réside à Séchéké avec sa cour ou en est absent.

7. ZOUMBO. — Village et poste portugais sur le Zambèze. Le village, qui était en ruines, se relève peu à peu depuis que les Portugais y ont placé une garnison permanente et que plusieurs établissements européens s'y sont créés ; il s'y tient d'ailleurs un marché très fréquenté. Le sol, d'une fertilité prodigieuse, produit en abondance maïs, blé, etc.

8. SALISBURY (1.500 blancs). — Capitale de la possession anglaise du Machonaland, créée en 1890 à 12 kilomètres au Sud du

Mont Hampden, a été immédiatement envahie par les nombreux aventuriers qu'attirait la découverte de riches gisements d'or. C'est aujourd'hui une ville organisée à l'européenne, avec une administration communale, des magistrats, des médecins, des commissaires des mines, des officiers de l'état civil, un notaire et un maître général des postes. On y trouve de beaux magasins, une banque, des hôtels, un marché, un temple maçonnique, une prison et une caserne pour la police.

9. GOUELO. — Petite ville située sur la rivière de même nom, au point où elle est coupée par la route de Salisbury à Boulouwayo. Elle doit sa fondation, qui est récente, aux mines d'or des environs; elle est défendue par une petite garnison.

10. BOULOUWAYO (2.000 blancs). — Ancienne capitale du royaume des Matabélés. Jusqu'en 1893, c'était un grand village indigène avec de grandes cases en formes de huttes enfermées dans une palissade; la seule maison de construction européenne était le palais du roi qui s'élevait sur une colline au milieu du village. Depuis la conquête du pays par les Anglais, qu'attiraient les mines d'or de la région, c'est devenu une ville européenne, tracée sur une grande échelle, avec cinq hôtels, un hôpital, une chambre de commerce. Elle couvre un vaste plateau entouré de coteaux légèrement boisés et déjà parsemés de villas.

11. TATI. — Village matabélé sur la rive gauche de la rivière Tati. La compagnie anglaise de l'Afrique du Sud y ayant découvert des mines, il s'y est créé une petite bourgade européenne avec un hôtel.

12. CHOCHONG (6.000 habitants). — Capitale du pays des Bamangouato, située à plus de mille mètres d'altitude dans une vaste plaine, sur les bords d'un ruisseau presque toujours à sec, se compose de plusieurs *kraals*. Il s'y trouve une mission protestante anglaise qui a presque complétement converti la région.

13. JOHANNESBOURG (90.000 habitants dont 55.000 blancs). — Fondée en 1886 au centre du district aurifère du Witwatersrand est sortie du sol comme par enchantement; elle comprend la ville proprement dite et quatre faubourgs; ses rues, éclairées à l'électricité, sont parcourues par des tramways, des omnibus et des fiacres. On y voit de magnifiques maisons de commerce, d'immenses magasins, de confortables habitations particulières et de luxueuses villas entourées de jardins. Les principaux édifices sont l'hôtel de ville, l'hôtel des postes, l'hôpital, la prison, la bourse, les halles, de nombreuses églises et chapelles. Johannnesbourg possède plusieurs journaux, de nombreux clubs, un champ de courses et 370 hôtels et restaurants.

14. MAFEKING. — Petite ville anglaise contigüe à la frontière du Transvaal et centre principal de troupes de police de la Compagnie britannique de l'Afrique du Sud. Les kraals sont entourés de jardins superbes où les indigènes cultivent le maïs, le millet, la canne à sucre, le plantin, le potiron. On trouve à Mafeking une belle église protestante et une banque.

15. VRYBOURG (1.000 habitants). — Ancienne capitale de la petite république boër du Stellaland qui a été annexée en 1884 au Béchuanaland britannique dont il est devenu la capitale.

Sur l'emplacement du village boër, une ville fut créée de toutes pièces avec bâtiments administratifs, églises des divers cultes, écoles, caserne, prison, hôpitaux, hôtels, etc. On y remarque déjà un grand nombre de bâtiments en pierre. Quatre forts, élevés sur des monticules, protègent les abords de la ville.

16. KIMBERLEY (28.000 habitants). — Chef-lieu d'une province de la colonie anglaise du Cap et centre des mines de diamant les ·plus riches du monde. Éclairée à l'électricité, elle dépasse déjà bien des villes de l'Europe par ses ressources industrielles, le luxe de ses magasins et la beauté de ses édifices; elle possède des hôpitaux, une bibliothèque de 11.000 volumes, des clubs, une prison, un théâtre, des banques, des hôtels, des journaux. Grâce à l'eau du Vaal, amenée à grand frais sur le plateau jadis aride, on a pu utilement planter des arbres sur les places et dans les rues, et entourer les villas de jardins. Par contre, dans les environs, on ne voit partout que cheminées d'usines et bâtiments d'exploitation industrielle.

17. BEAUFORT-WEST (3.000 habitants). — Chef-lieu de division de la colonie du Cap, est le principal marché du plateau aride et désert qu'on nomme le Karrou. Bien arrosée et bien bâtie, située au pied des montagnes du Nieuwerveld, la ville a de nombreux édifices publics, églises, écoles, hôtel de ville, etc.

18. CAPE-TOWN ou **LE CAP** (84.000 habitants). — Capitale de la colonie anglaise du Cap, située au pied de la montagne de la Table, sur les bords de la baie du même nom. Découpée en carrés réguliers par de larges rues, elle s'élève en pente douce et parsème de villas et de maisonnettes les premières collines. Les principaux édifices sont la bourse, le collège, les églises des différentes confessions, le musée, l'observatoire, les hôpitaux. Le Cap possède toutes les commodités et les agréments de la vie, clubs, journaux, jardin botanique, hôtels, bibliothèque de 30.000 volumes, etc. La ville est bien défendue par de nombreux ouvrages.

QUELQUES JEUX

DU MÊME ÉDITEUR

JEUX DE CARTES

Le « Family coach », ou *Carrosse de famille*. — La base du jeu est une voiture avec tout ce qu'elle comporte: gens, bêtes et choses. Les cartes, dont chacune porte un nom représentant une partie quelconque de l'équipage, sont distribuées entre les joueurs.

Le banquier, qui n'a pas pris de cartes pour lui-même, raconte une histoire ayant trait à une promenade en voiture, et chaque fois qu'il prononce un mot figurant sur l'une des cartes, le joueur auquel appartient cette carte est tenu de se lever sous peine de donner un gage.

Jeu des Devises. — 20 cartes, dont 10 roses et 10 bleues et portant chacune 10 de-vises choisies parmi celles de la noblesse ou des personnages historiques. Quand on possédera la clef de cette intéressante récréation, on pourra de-viner la devise pensée par une autre personne, bien qu'il n'y ait sur chaque carte aucun signe, ni au-cun chiffre.

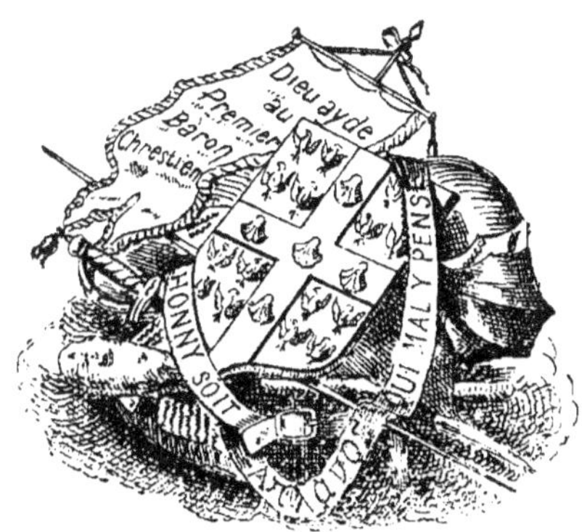

Jeu des Sous-Préfectures. — En publiant ce jeu, nous croyons avoir répondu à un véritable besoin. Il n'existait en effet jusqu'à présent aucun jeu sur les sous-préfectures, leur grand nombre ayant probablement toujours arrêté les inven-teurs. Nous avons trouvé le moyen, avec 56 cartes, de faire défiler dans l'espace de quelques parties tous les dépar-tements français avec leurs chefs-lieux de préfectures et de sous-préfectures et, grâce à notre système, les enfants appren-dront promptement à quel département appartient telle ou telle sous-préfecture.

Jeu des grandes Inventions et Découvertes. — Jeu de cartes qui se joue comme le domino ordinaire. A la suite d'une invention, il faut poser l'inventeur correspondant, et *vice versâ*. Chaque nom d'inventeur est accompagné de l'indication du lieu de naissance de celui-ci et de l'époque à laquelle il vivait.

Les Mariages Poétiques, ou *Jeu des Distiques.* — Le premier vers d'un distique choisi parmi les plus connus est imprimé sur une carte illustrée; le second vers du même distique se trouve sur autre carte imprimée dans une couleur différente et portant la même illustration qui est en rapport, bien entendu, avec l'idée exprimée dans le distique. Le jeu consiste à faire des mariages, suivant une règle admise, en réunissant les deux vers d'un même distique.

Jeu des grandes villes de l'Europe. — 16 cartes, dites cartes principales, portent chacune le pavillon de l'une des puissances européennes; les 48 autres, illustrées avec soin,

Constantinople

portent chacune une ville appartenant à l'une ou l'autre de ces puissances. Il s'agit pour chaque joueur de réunir dans sa main des séries complètes de cartes, chaque série comportant une carte principale et toutes les villes sans exception qui en dépendent. La règle très originale de ce jeu en fait une récréation aussi amusante qu'instructive.

Jeu du Moulin. — Les cartes représentent les divers objets, bêtes ou gens d'un moulin. Chacune des cartes est répétée quatre fois, ce qui donne un total de 56 cartes qui sont distribuées entre les joueurs jusqu'à épuisement.

Chaque joueur fait une pile de ses cartes et les place devant lui la face en dessous.

Le premier joueur à la droite de celui qui vient de donner les cartes soulève alors la carte supérieure de sa pile et la place sur la table à découvert à côté de sa pile. Le joueur suivant agit de même, et ainsi de suite. Quand le tour est terminé, le premier joueur en recommence un nouveau en retournant la carte supérieure de sa pile et la place, toujours à découvert, sur celle qu'il avait retournée au tour précédent.

Quand deux cartes semblables se trouvent découvertes en même temps, par exemple si l'un des joueurs a devant lui à découvert une carte représentant la Meunière et qu'un autre joueur retourne également la Meunière, le propriétaire de l'une de ces deux cartes qui crie le premier: Tac, a le droit

de réclamer à l'autre, comme son bien, non seulement la carte correspondante, mais encore les autres qui se trouveraient être couvertes par celle-ci, et il les ajoute à son propre paquet de cartes retournées.

Le joueur qui a réussi à s'approprier toutes les cartes, ou le plus grand nombre de cartes, gagne la partie.

Jeu des Personnages célèbres de la France. — Il s'agit pour chaque joueur de réunir dans sa main 5 personnages qui se soient illustrés dans la même spécialité, c'est-à-dire 5 hommes de guerre, 5 poëtes, 5 musiciens, etc. La règle est à peu près celle de l'ancien jeu de trente-et-un.

JEAN BART

Jeu des Homonymes. — 56 cartes portant chacune 5 mots, dont un illustré. Une fois la distribution faite, le premier joueur jette une carte quelconque en appelant le premier mot de cette carte, celui qui est illustré. Tous les autres joueurs, chacun à son tour, jettent, s'ils en ont, une carte portant un homonyme du mot qui vient d'être appelé, et c'est le joueur, fournissant le dernier homonyme, qui fait la levée.

Le but du jeu est de prendre le plus grand nombre possible de cartes. Quand personne n'a plus une seule carte en main, la partie est terminée et c'est le joueur, dont les levées présentent le plus grand nombre de cartes, qui gagne.

Le Jury pour rire. — Le jeu se compose de 84 cartes, dont 42 cartes illustrées qui représentent des types de différentes professions, et 42 cartes qui portent soit le mot *Oui*, soit le mot *Non*. Nous donnerons à ces dernières le nom de bulletins de vote.

Ces bulletins de vote sont répartis en nombre égal entre les joueurs, et chacun en fait une pile qu'on place à couvert devant  soi. Quant aux cartes illustrées, elles sont distribuées deux par deux, et la carte qui, dans cette distribution, se trouve accompagnée du *Gendarme*, représente l'accusé.

On vote alors pour la composition du jury, puis pour décider si l'accusé est coupable ou non; enfin pour les circonstances atténuantes, et ces différentes opérations constituent une partie très animée.

Voilà Pierre! — C'est un jeu pour délier les langues. Nous sommes certains qu'il obtiendra de suite la faveur des dames et des demoiselles, non pas que la langue de celles-ci ait besoin d'être déliée: chacun sait, et nous le disons en tout bien et tout honneur que chez le plus grand nombre d'entre elles les paroles semblent couler de source, mais ce jeu leur fournira de nombreuses occasions de rire aux dépens du sexe soi-disant fort, qui ne jouit pas en général d'une facilité d'élocution aussi développée.

Le jeu est composé de 42 cartes de 3 couleurs différentes. Chaque couleur donne lieu à une partie distincte.

Coucou. — 28 cartes; chacune d'elles porte un numéro  qui indique sa valeur propre, le n° 28, Coucou, étant la plus forte carte, et le n° 1, Gribouille, étant la plus faible.

Chaque joueur reçoit une carte à couvert, qu'il peut, lorsqu'il la juge mauvaise, essayer d'échanger contre celle de son voisin, ou, quand il s'agit du dernier joueur, contre une carte du talon. Quand ces échanges sont terminés, le joueur qui présente la carte la plus faible verse un jeton à la poule.

Les cartes Coucou, Croquemitaine, Harpagon, Marquis de Carabas, Robert Macaire, Fée Carabosse, Pandore, jouissent de certains priviléges appropriés à leur personnage et expliqués dans la règle du jeu.

La carte Coucou, à elle seule, présente un puissant intérêt. En effet, tant que la présence de Coucou n'a pas été officiellement constatée dans les cartes qui sont en jeu, tout joueur peut refuser l'échange en disant: *Coucou*, et sans découvrir sa carte. S'il est cru sur parole, les choses se passent comme s'il avait effectivement Coucou: chacun garde sa carte. Mais si celui qui demande l'échange est incrédule, il peut dire: *Si vous avez Coucou, faites-le voir.* Le joueur, ainsi mis au pied du mur, découvrira sa carte, et, s'il a réellement Coucou, il recevra un jeton du joueur incrédule, mais s'il n'a pas Coucou, il paiera au contraire un jeton à ce joueur, et de plus ce dernier, sachant dès lors à quoi s'en tenir, aura la faculté de faire ou de ne pas faire l'échange.

Chaque joueur, au début de la partie, a reçu un certain nombre de jetons, et c'est le joueur qui reste le dernier avec un ou plusieurs jetons qui gagne la poule.

Plaisir et Déplaisir. — 42 cartes, 21 de plaisir et 21 de déplaisir, dont les deux tiers environ sont distribués à chaque coup entre les joueurs. Il s'agit, pour chaque joueur, de présenter successivement, et au fur et à mesure qu'il a la main, les cartes de plaisir dont il est possesseur, sans que celles-ci soient annulées par les cartes de déplaisir correspondantes présentées par les autres joueurs.

Celui qui, le premier, s'est débarrassé de toutes ses cartes, reçoit 2 jetons de la poule qui a été constituée au début de la partie, mais celle-ci n'est terminée que lorsqu'il ne reste plus entre les mains des joueurs une seule carte de plaisir; chacun alors verse à la poule un jeton pour chaque carte de déplaisir qui lui reste en main, et la poule est partagée entre tous les joueurs qui ont devant eux des cartes de plaisir non annulées, et au prorata du nombre de ces cartes.

JEUX DE SOCIÉTÉ

POUR ENFANTS, JEUNES GENS, ET POUR FAMILLES

Jeu des Chasseurs. — Un plateau sur lequel est figuré un damier de forme hexagonale comprenant un certain nombre de cases; à chacun des 6 angles de ce damier se trouve une porte; un pion représente un cerf, et sept autres pions représentent autant de chasseurs.

La partie se joue à deux; l'un des joueurs prend le cerf, l'autre les sept chasseurs. Le gain de la partie consiste pour le joueur qui a les chasseurs à envelopper le cerf de façon qu'il ne puisse plus jouer, et pour celui qui a le cerf à atteindre une des 6 portes que les chasseurs auront quittées pour courir après lui, avant que ceux-ci aient pu y retourner.

Jeu des Chemins de fer, ou *Visite de tous les Peuples de l'Europe à Paris*. — Une carte de l'Europe centrale sur laquelle sont tracées les grandes lignes de chemins de fer reliant Paris aux autres capitales de l'Europe; un cadran divisé en un certain nombre de cases numérotées 0, 1, 2, 3, plus une case noire.

Chaque joueur reçoit une petite locomotive de couleur distincte et un itinéraire qui lui indique qu'il doit partir soit de Lisbonne, soit d'Athènes, soit de Saint-Pétersbourg, etc.

Le premier à jouer fait tourner l'aiguille du cadran et avance sur sa ligne d'autant de stations que l'aiguille indique de points.

Lorsqu'on amène 0, on reste en place.

La case noire signifie *déraillement* ou *naufrage*.

Lorsqu'on est amené sur une station de douane on paie un tribut de convention.

Le joueur qui arrive le premier à Paris a gagné.

Voyage à Pékin, *par air, par fer, par terre et par mer*. — On part de l'une des capitales de l'Europe et il s'agit d'entrer à Pékin par l'une de ses quatre portes. C'est un toton qui indique à chaque joueur la route qu'il doit suivre, et le voyage est plein de péripéties.

Les faits mémorables de l'Histoire de France. — 90 faits choisis parmi les plus importants de l'histoire de France sont répartis entre 18 cartons illustrés qui sont partagés entre les joueurs. Les mêmes 90 évènements sont répétés sur 90 ronds de carton contenus dans un sac.

Un des joueurs tire les ronds du sac un à un et doit, au fur et à mesure, appeler à haute voix le fait inscrit sur chaque rond. Le joueur, qui se trouve avoir sur l'un de ses cartons le fait appelé, le marque d'un jeton sur la rosace réservée à cet effet et annonce tout haut la date de l'évènement et le gouvernement sous lequel il s'est produit. La chose est facile, puisqu'en tête de chaque carton sont indiqués, avec leurs dates, les différents gouvernements qui se sont succédé pendant la période à laquelle appartient ce carton.

Lorsqu'un joueur a marqué les cinq faits d'un même carton, il gagne la partie.

Une brochure, contenant une notice succincte sur chacun des 90 évènements, accompagne chaque jeu.

Jeu du Congo. — Ce jeu se joue à quatre sur un plateau spécial divisé en un certain nombre de cases rondes. Ce plateau représentera, si l'on veut bien, la partie de l'Afrique centrale sur laquelle les colonisateurs de la vieille Europe paraissent fonder de grandes espérances.

Chacun a 12 jetons d'une couleur particulière. Ces 12 jetons représenteront 12 pavillons d'une même nation, pavillons qu'il s'agit de planter sur le sol africain.

Chaque joueur met un jeton à tour de rôle sur l'une des cases du damier, mais il est interdit de mettre son jeton en contact avec ceux des autres, c'est-à-dire sur une case avoisinant immédiatement une case déjà occupée par un autre joueur.

Le joueur qui le premier ne peut plus poser paie à chacun des autres joueurs un nombre de jetons égal au nombre de pions qu'il n'a pas pu poser.

Promenade militaire en France et en Alsace-Lorraine. — Une grande carte de France imprimée en chromolithographie et divisée par départements. Chaque département ne porte absolument sur cette carte que son nom et celui de son chef-lieu.

D'autre part une liste des départements de la France disposés par ordre alphabétique et numérotés depuis 1 jusqu'à 86.

Enfin 6 soldats en plomb (3 cavaliers et 3 fantassins), un cornet et deux dés.

Chaque joueur, tour à tour, après avoir mis son soldat sur la ville de Bourg, la première sur la liste des départements, jette les dés, et, consultant la liste des départements, il avance sur la carte d'autant de départements qu'il a amené de points. Il a soin en même temps d'appeler à haute voix le nom du département et celui du chef-lieu sur lequel il se pose. Exemple: Étant placé à Bourg, qui porte le n° 1, s'il amène 4, comme 4 et 1 font 5, il ira se placer au département n° 5, en disant: Hautes-Alpes, chef-lieu Gap. Si, quand reviendra son tour de jouer, il amène 3, comme 5 et 3 font 8, il ira se placer au département n° 8, en disant: Ardennes, chef-lieu Mézières. Le second joueur, se plaçant également à Bourg, suivra la même marche, et ainsi de suite.

On est en droit de penser que chaque joueur ainsi ballotté du nord au midi, de l'est à l'ouest, ne tardera pas à connaître exactement la position de tous les départements. Tel est d'ailleurs le but du jeu, et son succès prouve que notre idée a été appréciée.

Le joueur qui arrive le premier au département de l'Yonne, n° 86, le dernier de la liste, va se placer sur Strasbourg. A ce moment, si aucun des autres joueurs n'a dépassé le n° 60, celui qui vient d'arriver à Strasbourg gagne toute la poule, et la partie est terminée. Si, au contraire, un ou plusieurs joueurs ont dépassé ce numéro, le premier gagnant ne reçoit que la moitié de la poule, et la partie continue jusqu'à ce que deux autres joueurs soient arrivés à leur tour au n° 86. Ceux-ci vont se placer, l'un à Metz, l'autre à Colmar, et se partagent la deuxième moitié de la poule.

Domino zoologique, alphabétique et constructeur. — Ce jeu se joue comme le domino ordinaire avec cette différence que, dans notre jeu, au lieu de ne poser qu'un dé à la fois, on place d'une seule fois le plus de pions qu'on peut.

Chaque pion porte sur l'une de ses faces deux moitiés d'animaux, sur l'autre face deux lettres, dont l'une majuscule et l'autre minuscule, et chacune de ces faces donne lieu à une partie distincte.

De plus, avons-nous besoin de le dire, on peut avec ce jeu faire des constructions variées comme avec les dominos ordinaires, mais d'autant plus facilement que les pions sont de plus grandes dimensions.

Loto zoologique. — Les cartons, qui servent pour ce jeu et sont distribués entre les joueurs, portent les dessins des  animaux les plus connus, classés d'une façon sommaire. Les mêmes animaux sont répétés sur de petites plaques contenues dans un sac.

L'un des joueurs tire une à une du sac ces petites plaques en appelant au fur et à mesure le nom qui accompagne chaque dessin.

Le joueur, ayant un carton sur lequel l'animal sorti se trouve répété, marque cet animal sur le carton à l'aide d'un jeton.

Le joueur qui, le premier, a marqué les huit animaux d'un même carton a gagné la partie.

Chaque jeu est accompagné d'une petite brochure écrite spécialement pour les enfants, et contenant les principes fondamentaux de la zoologie, ainsi qu'une notice succincte sur chacun des individus qui composent le loto.

Jeu du Renard et des Poules. — Ce jeu doit son origine  aux habitants de la Lydie, qui l'inventèrent dans l'intention de se former aux ruses de la guerre et de se tenir en garde contre les surprises de Cyrus, qui leur avait donné le nom de *Poules*, à cause de leurs mœurs efféminées. Pour ne pas être en reste avec leur ennemi, les Lydiens l'avaient surnommé le *Renard*.

Le jeu se joue à deux; l'un des joueurs fait manœuvrer le renard qui doit tendre à s'emparer des poules; l'autre dirige les poules dont le but est d'immobiliser le renard.

Le plateau sur lequel on joue est une jolie gravure qui paraît remonter à la fin du 18e siècle, ou tout au moins aux premières années du 19e, et dont nous avons acheté dernièrement la planche à un ancien éditeur d'estampes.

Jeu des Paquebots. — Comme son titre l'indique, c'est un  jeu de voyages sur mer. Il se compose de deux grandes cartes, l'une pour les lignes de navigation de l'Océan Atlantique , l'autre pour les lignes qui, partant de Marseille, se dirigent vers la mer Noire, l'Océan Indien et le Pacifique.

Il y a de plus un cadran-baromètre, que les joueurs consultent tour-à-tour, et qui indique à ceux-ci ce qu'ils doivent faire. Enfin, chaque joueur a reçu un petit bateau de couleur particulière et un itinéraire spécial. C'est celui qui le premier a accompli son voyage aller et retour qui gagne la partie.

Les itinéraires que nous avons adoptés pour ce jeu ne sont pas des itinéraires de fantaisie: ils ont été empruntés aux indicateurs des Messageries Maritimes et de la Compagnie Générale Transatlantique.

Combat naval. — Ce jeu se compose de:

1° Un plateau figurant une certaine étendue de mer et divisé, pour les besoins du jeu, en carrés représentant chacun une superficie de 500 mètres.

2° Deux escadres de nationalité différente et composées chacune d'un cuirassé, de deux croiseurs, et de deux avisos, soit 5 bâtiments d'une même couleur.

3° Un *arbitre*, petite mesure spéciale, donnant l'échelle des distances, à laquelle on a recours en cas de contestation.

4° Deux cornets et deux dés.

Le jeu se joue à deux personnes; le but à atteindre est, pour chacun des joueurs, de vaincre la flotte ennemie, soit en coulant ses vaisseaux, soit en les mettant en fuite, soit en les faisant prisonniers.

Les coups de dés remplaçant les coups de canon; ils indiquent aussi, pour la marche des vaisseaux, le chemin à parcourir; enfin, dans les abordages entre deux navires de force égale, ils disent auquel des deux reste l'avantage.

Jeu des Explorateurs. — Un planisphère terrestre sur lequel sont tracés, en 8 couleurs différentes, 8 itinéraires permettant d'aller de Paris à Paris en faisant le tour du monde. 8 cartons portant les différents itinéraires, et 8 pions de

couleurs variées. Enfin 56 tickets qui règlent la marche du jeu et qui, au début de la partie sont placés au centre de la table en un paquet couvert. Ces tickets portent des indications variées, telles que: *En avant!* — *Accident.* — *Bagages égarés.* — *Indisposition, etc., etc.*

Chaque joueur, ayant reçu un itinéraire et le pion correspondant, prend, chaque fois que c'est son tour de jouer, un ticket qui lui dit ce qu'il doit faire. Il exécute sur la carte, à l'aide de son pion, la prescription du ticket, et le gagnant est le premier qui a terminé son tour du monde.

Nous ajouterons que les itinéraires qui ont été dressés pour ce jeu, s'ils n'offrent pas tous dans la réalité d'égales facilités d'exécution, sont du moins tous possibles, et nous pouvons affirmer que toutes les indications, tous les renseignements contenus dans notre jeu sont rigoureusement conformes aux derniers documents de la science géographique.

Le Tour du monde à bicyclette. — Cette fois il s'agit d'un tour du monde tout à fait fantaisiste, un peu à la façon des voyages de Jules Verne.

Un planisphère spécial sur le quel est indiqué, à l'aide d'un gros trait noir, un itinéraire reliant entre elles les 54 stations que comporte notre tour du monde; 8 petits bicyclistes en plomb de couleurs variées, et un dé à jouer ordinaire; voilà tout le matériel du jeu.

Les stations sont figurées sur la carte par des médaillons de grandeurs variées contenant chacun un dessin humoristique se rapportant à la contrée qui est en cause.

Chacun choisit un petit bicycliste; on tire au sort l'ordre des joueurs et le premier partant, se plaçant à Paris, jette le dé et avance sur la carte d'autant de stations qu'il a amené de points; les autres font de même et ainsi de suite. Mais certaines stations sont marquées d'un signe qui indique une interruption dans la marche ordinaire du jeu. Ces interruptions sont autant de péripéties qui, par leur variété, donnent au jeu une grande animation et en augmentent l'intérêt.

Le joueur qui, le premier, a réussi à rentrer à Paris après avoir fait le tour du monde est le gagnant.

Loto Dauphin. — C'est le jeu par excellence des châteaux et du faubourg Saint-Germain. Depuis la Régence, époque à laquelle vraisemblablement ce jeu prit naissance, la tradition s'en est conservée fidèlement dans l'aristocratie. De fait, c'est un jeu de famille très intéressant et les grandes personnes, aussi bien que les jeunes gens et les enfants, peuvent y trouver du plaisir.

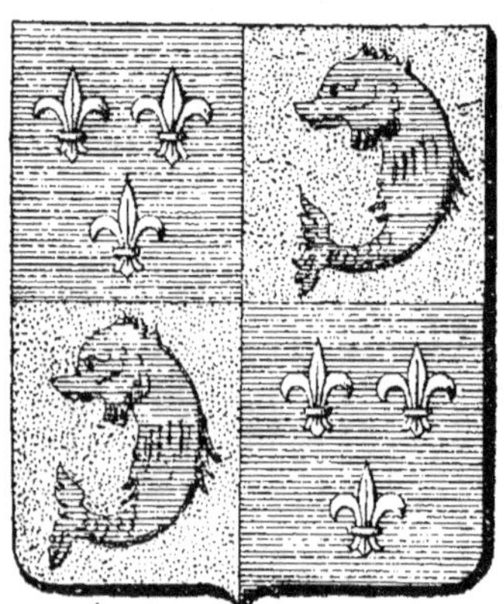

Voici en quoi il consiste :

Un sac renferme les 90 boules numérotées de 1 à 90.

Chacun reçoit un tableau sur lequel sont inscrits les 90 numéros, et, en plus, 5 fichets rouges, 5 blancs, 5 verts, 5 violets, total 20 fichets; 5 marques rondes de chacune de ces quatre couleurs; enfin un dauphin et un ballon. Ce dernier est facultatif.

Avant une partie, chaque joueur compose son jeu, c'est-à-dire qu'il plante ses 20 fichets dans un même nombre de cases du tableau; il obtient de la sorte 4 jeux de 5 numéros portant même fichet; cela correspond à 4 cartons du loto vulgaire, mais à des cartons (avantage immense) que le joueur a composés à sa fantaisie.

De plus, chaque joueur adopte un 21ᵉ numéro du tableau pour y placer son dauphin, et un 22ᵉ pour y mettre son ballon. Ce dauphin et ce ballon doivent être accompagnés d'une marque qui indique la couleur favorite du joueur.

Les 5 numéros choisis, dont les fichets sont de la couleur favorite, deviennent des numéros favoris.

Cela fait, le jeu s'exécute comme au loto ordinaire et la partie est terminée quand il a été extrait 15 boules du sac.

Les diverses chances, ambe, terne, quaterne, etc., sont payées suivant un tarif déterminé.

CASSE-TÊTE

ET JEUX POUR JOUER SEUL

L'Énervant. — Un petit plateau rond en métal dont le fond est légèrement bombé, et au centre duquel se trouve une petite cavité. Il s'agit, en tenant le plateau à la main, de conduire une bille dans la cavité centrale, sans toucher la bille, et ce n'est pas chose commode.

Quatre à quatre. — *Nouveau casse-tête formé de deux questions.*

Première question: *Qui se ressemble s'assemble, ou chacun chez soi.*

16 pions de 4 couleurs différentes représentant les quatre grandes races de l'espèce humaine et un damier de forme circulaire.

Les 16 pions ayant été préalablement placés sur les cases de couleur correspondante, il s'agit de réunir les 4 pions rouges sur une même case, les 4 blancs sur une même case, ainsi de suite.

Pour le déplacement des jetons il faut observer la règle suivante: Tout jeton doit, en se déplaçant circulairement, sauter par dessus 4 autres jetons, (non pas 4 cases, mais bien 4 jetons).

Deuxième question: *L'Union des Races.*

Ici encore un damier circulaire, mais les couleurs de ce dernier sont disposées d'une manière différente.

Les 16 pions étant placés sur les cases de leur couleur, il faut arriver à avoir 4 piles formées de 4 pions de 4 couleurs différentes, en observant la règle qui régit la première question, c'est-à-dire qu'en se déplaçant, tout jeton doit sauter par dessus 4 autres jetons.

Le Pont du Diable. — Une petite table à trois pieds, et 3 petites lames métalliques. Avec ces 3 petites lames et rien autre chose, il s'agit de relier les 3 pieds de la table, mise sens dessus dessous, par un pont commun aux 3 pieds.

L'Horloge étoilée. — Ce jeu se joue sur une étoile à 12 rayons. Il s'agit de faire arriver au sommet de ces 12 rayons, en suivant une règle déterminée, 12 pions disposés dans l'ordre naturel de leurs numéros, autrement dit dans l'ordre des heures d'un cadran d'horloge, ainsi que l'indique la figure ci-contre.

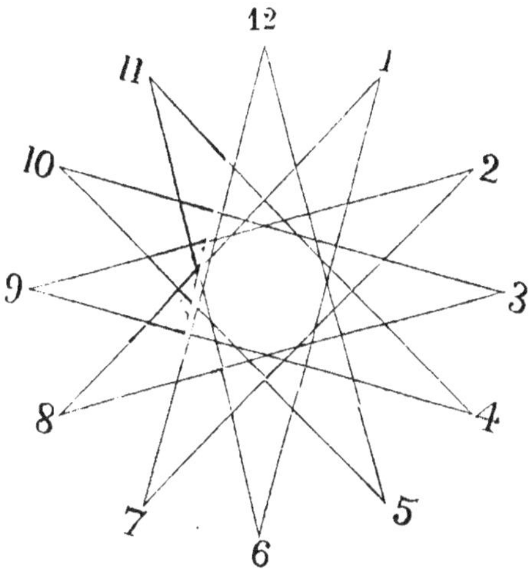

Voici la règle à observer.

Il faut, pour placer un pion, à l'exception du dernier, partir toujours d'une case *vide* qui soit opposée et reliée par une ligne à la case où l'on veut placer le pion.

Nous recommandons ce casse-tête aux amateurs de jeux de combinaisons; c'est à notre avis l'un des plus jolis jeux qu'on ait imaginés dans ce genre.

Le Pont d'Avignon. — Dans une boîte complétement fermée et ne pouvant s'ouvrir, mais dont le couvercle est transparent, se trouve une flèche métallique dont la base est fixée à l'une des parois intérieures de la boîte, et dont l'extrémité aboutit au vide. C'est à peu près le spectacle que présente le vieux pont d'Avignon qui n'est en contact qu'avec l'une des deux rives du Rhône, d'où le nom donné à ce petit jeu. Il y a en outre dans la boîte un petit anneau; il s'agit d'enfiler cet anneau sur la flèche; on n'y arrive pas toujours.

Le Papillon Captif. — Ici encore une boîte qui ne s'ouvre pas; il s'agit pourtant d'en faire sortir le papillon qu'à travers le couvercle en verre nous y voyons enfermé. La seule issue est une mince ouverture oblongue de trois millimètres à peine de largeur pratiquée dans le fond de la boîte. Au bord des ailes du papillon ont été percés quatre petits trous; par l'un de ces trous vous enfilez d'abord le papillon sur l'une des tringles qui simulent les barreaux d'une cage, puis vous le faites passer de tringle en tringle jusqu'à ce qu'il se trouve placé verticalement vis-à-vis l'étroite ouverture dont nous avons parlé, et que l'une de ses extrémités puisse s'engager quelque peu dans cette ouverture.

Il n'y a plus maintenant qu'à imprimer au papillon quelques petites secousses pour le faire sortir de la boîte, mais, à ce dernier moment, souvent l'opération manque.

Le Nœud Kabyle. — Un nœud spécial en jonc dans lequel se trouve engagé un bracelet en cordonnet. Il s'agit de dégager le bracelet sans rien casser, ni couper, ni dénouer.

Le Secret d'un Emballeur. — 12 pions dans une boîte ronde. Si, au lieu de 12 pions, il y en avait 14, ces 14 pions

seraient à l'aise, c'est assez dire que les 12 pions vis-à-vis desquels on est en présence, laissent dans la boîte un grand vide. Eh bien, il s'agit de disposer les 12 pions dans la boîte en les immobilisant sans le secours d'aucun autre corps étranger, de façon que rien ne se dérange lorsqu'on agitera la boîte.

La Multiplication par les couleurs. — Ce jeu a pour but d'apprendre aux enfants, d'une manière simple et amusante, à composer eux-mêmes la table de Pythagore; il ne peut manquer de leur graver promptement dans la mémoire les produits de toutes les multiplications qu'on obtient avec cette table.

A l'exception de la première ligne horizontale, et de la première ligne verticale, notre table de Pythagore est découpée en petits carrés. Chacun de ces carrés porte un nombre et est formé d'une ou de deux couleurs.

Tous les carrés étant brouillés, pour connaître le produit de la multiplication d'un nombre par un autre, soit 8 par 4, par exemple, on regarde dans la première ligne verticale la couleur du multiplicateur 4 qui est bleu et dans la première ligne horizontale la couleur du chiffre à multiplier 8 qui est rouge, et l'on cherche le carré formé des deux couleurs bleue et rouge.

On place alors ce carré qui porte le n° 32 sur le carré que l'on trouve en descendant dans la colonne verticale du chiffre à multiplier 8, jusqu'à ce qu'on soit en regard du multiplicateur 4.

Lorsqu'on multiplie un nombre par lui-même, soit 7 qui est lilas par 7, le carré qui porte le produit de cette multiplication, 49, sera aussi de la même couleur, c'est-à-dire lilas.

Au revoir! *Casse-tête franco-russe.* — Un échiquier formé de treize cases reliées entre elles par des lignes droites, et de douze pions dont six jaunes et six rouges.

Les cases jaunes, comme les pions jaunes, portent les lettres qui forment le mot *Russie;* tandis que les cases rouges, comme les pions rouges, portent les lettres qui forment le mot *France.*

La treizième case, qui est noire, et qui doit être vide une fois que le problème est résolu, sert de déversoir, autrement dit de dépôt passager; c'est elle qui permet aux pions de se mouvoir.

On pose le problème en plaçant au hasard tous les pions chacun sur une des treize cases, et pour le résoudre il faut, en jouant, conduire, d'après une règle déterminée, chaque pion sur la case qui a la même couleur et la même lettre.

L'Embarras du Caporal. — Un caporal fait manœuvrer 12 hommes sous la haute direction d'un sergent. Celui-ci, qui aime de temps à autre à rire, commande tout-à-coup au caporal de placer ses 12 hommes sur 6 rangs à raison de 4 hommes par rang. Vous vous figurez aisément l'ahurissement du caporal qui n'avait jamais vu cette formation dans la théorie. Il ne put, paraît-il, faire exécuter la manœuvre qui est cependant possible, ainsi que le lui démontra le sergent, et vous pourrez, si vous le voulez, l'exécuter vous-même avec les 12 pions et sur le plateau qui composent notre jeu.

L'Incroyable. — Dans un échiquier régulier coupé en quatre morceaux, il s'agit de trouver successivement.

1° 63 carrés.

2° 64 carrés.

3° 65 carrés.

Le Folioscope-Carnet. — Un petit carnet double, c'est-à-dire cousu par le milieu et ayant par conséquent ses feuillets libres à droite et à gauche En le feuilletant rapidement avec le pouce, on voit s'animer les sujets qui y sont représentés dans une suite de poses graduées: Gymnaste, Danseuse, Forgeron, etc. Comme les feuillets sont imprimés sur leurs deux faces, chaque carnet contient quatre séries d'images. C'est un très curieux jouet d'optique.

Jeu des Sentinelles. — Un chef de poste représenté par un pion rouge et disposant de 7 hommes représentés

eux-mêmes par 7 pions blancs, est chargé de se placer lui - même et de placer ses sentinelles de manière que du point où ils auront été placés, ni lui-même, ni aucun de ses hommes ne puisse apercevoir l'un des autres hommes sur aucune des lignes droites soit verticales, soit horizontales, soit diagonales, qui aboutissent au susdit point, ou le traversent.

On éprouvera quelque difficulté à résoudre ce problème, et cependant celui-ci comporte 736 solutions.

Stella. — Une étoile régulière à six branches et 12 pions numérotés de 1 à 12. Il s'agit de mettre un pion sur le sommet de chacun des douze angles de l'étoile, de telle sorte qu'une fois les 12 pions placés, et en additionnant les quatre nombres de chacune des 6 lignes droites qui relient ensemble les pointes de l'étoile, on trouve partout 26.

JOUETS DIVERS

Aventures de Coquenano (Isidore), *cavalier au 38e régiment de chasseurs.*

— Soldat et cheval découpés sur bois et articulés de telle sorte qu'ils puissent prendre toutes les positions. Chaque jeu, renfermé dans une boîte, est accompagné d'un album illustré par Randon, et donnant une idée de toutes les positions que l'on peut faire prendre à l'homme et à la bête.

Le jeune Raoul et son excellent cheval Neovan. — Même jouet que le précédent, mais ici il s'agit d'un petit jeune homme vêtu en civil à la mode du jour. Le harnachement du cheval paraît également sortir de chez le meilleur faiseur. Un album illustré par H. de Sta et relatant diverses aventures du jeune Raoul complète le jeu.

La Charrette de M. Paul. — Encore un jouet dans le genre des deux précédents, avec cette différence qu'au lieu d'un

cheval de selle, il s'agit ici d'un cheval qui s'attelle et se dételle, et là encore, comme accompagnement, un amusant album illustré et approprié au sujet.

Théâtre de Guignol. — Le titre suffit pour expliquer la chose. C'est un petit théâtre en cartonnage dans la forme de

la classique baraque des jardins publics. Les acteurs sont les personnages légendaires : Polichinelle, Pierrot, Arlequin, etc. Une brochure contenant une petite pièce de comédie accompagne chaque théâtre.

Le Franc-Tireur. -- C'est un tir au pistolet qui peut être

mis sans danger entre les mains des jeunes garçons et dont on permettra sans inconvénient l'usage dans les appartements.

L'arme est un simple pistolet à ressort et les projectiles sont des petites flèches en bois cylindriques et non pointues qui ne peuvent briser les glaces. Pour cibles, des bonhommes à transformations. Lorsque le projectile frappe en plein la coiffure du bonhomme, celui-ci se métamorphose instantanément en un autre personnage. Le tout est renfermé dans une boîte.

BROCHURES

Le Passe-temps. — Heures de loisir. — Délassements. —  Chacun de ces trois titres est la désignation que nous avons donnée à une brochure contenant, très clairement expliquées, de nombreuses patiences pouvant se faire avec des cartes à jouer. Certaines personnes donnent à ce genre de récréation le nom de *Réussites.* Il va sans dire qu'aucune des patiences contenues dans une brochure n'est répétée dans les deux autres.

Le Domino et ses patiences. — Brochure donnant, outre l'historique et les différentes règles du domino, la description de nombreuses patiences ou récréations pouvant être exécutées avec un jeu de dominos.

Règles de tous les Jeux. — Sous le nom de *Bibliothèque des Jeux*, nous avons édité une collection de règles des principaux jeux. En général chaque brochure ne comporte qu'un seul jeu; quelques-unes cependant en contiennent plusieurs. Voici d'ailleurs les titres des différentes brochures qui composent actuellement la collection:

Echecs
Trictrac et Jacquet
Dames
Piquet
Bésigue et Grabuge
Manille

Poker
Écarté, Rams et Polignac
Whist et Bridge
Roulette et Trente et Quarante
Baccarat
Quick, Crapette, etc.

VANILLIAUX, éditeur, Paris.

JEUX INSTRUCTIFS

DU MÊME ÉDITEUR

Jeu des Grandes Villes de l'Europe.

Aventures de M. Jobard, jeu géographique.

Les Faits mémorables de l Histoire de France.

L'Anagramme ou jeu des lettres.

Les Trois Règnes de la Nature, loto instructif.

Loto Zoologique, enseignant la classification des animaux.

Jeu des Chemins de fer, visite de tous les peuples de l'Europe à Paris.

Jeu des Explorateurs.

Jeu des Paquebots.

La Multiplication par les Couleurs, jeu d'arithmétique.

Promenade militaire en France et en Alsace-Lorraine.

Jeu des Personnages célèbres de la France.

Jeu des Grandes Inventions et Découvertes.

Jeu des Sous-Préfectures.

Jeu Ornithologique, faisant connaître les insectes nuisibles et les oiseaux qui les détruisent.

Jeu des Homonymes.

Loto des Départements de la France.

Jeux de patience historiques et géographiques.

Jeux de cubes alphabétiques et géographiques.

Domino zoologique, alphabétique et constructeur.